Teologia de parquinho

Crônicas sobre encontros com Deus no maternar

DÉBORA OTONI
E RAQUEL ARAÚJO

Teologia de parquinho

Crônicas sobre encontros com Deus no maternar

Copyright ©2024 por Débora Otoni e Raquel Araújo
Todos os direitos reservados por Vida Melhor Editora LTDA.

As citações bíblicas são da *Nova Versão Internacional* (NVI), da Bíblica, Inc., a menos que seja especificada uma outra versão da Bíblia Sagrada.

Os pontos de vista desta obra são de responsabilidade de seus autores e colaboradores diretos, não refletindo necessariamente a posição da Thomas Nelson Brasil, da HarperCollins Christian Publishing ou de suas equipes editoriais.

Publisher	Samuel Coto
Coordenador editorial	André Lodos Tangerino
Editora	Brunna Prado
Produção editorial e edição	Gisele Romão da Cruz
Revisão	Elaine Freddi
Diagramação	Patrícia Lino
Capa e projeto gráfico	Gabe Almeida

Dados Internacionais de Catalogação na Publicação (CIP)
(BENITEZ Catalogação Ass. Editorial, MS, Brasil)

O96t   Otoni, Débora
1. ed.   Teologia de parquinho: crônicas de encontro com Deus no
       maternar / Débora Otoni, Raquel Araújo. – 1. ed. – Rio de
       Janeiro: Thomas Nelson Brasil, 2024.

       128 p.; 12 × 18 cm.

       ISBN 978-65-5689-742-4

       1. Cotidiano. 2. Crônicas brasileiras. 3. Espiritualidade.
       4. Maternidade.
       I. Araújo, Raquel. II. Título.

03-2024/95   CDD B869.3

Índice para catálogo sistemático:
Crônicas: Literatura brasileira   B869.3

Aline Graziele Benitez – Bibliotecária – CRB-1/3129

Thomas Nelson Brasil é uma marca licenciada à Vida Melhor Editora LTDA.
Todos os direitos reservados à Vida Melhor Editora LTDA.
Rua da Quitanda, 86, sala 601A — Centro
Rio de Janeiro — RJ — CEP 20091-005
Tel. (21) 3175-1030
www.thomasnelson.com.br

A Simonton e Mirna, nossos pais, amigos e inspiração.

Apresentação 08

Segura, estica e puxa	19
Troca de fraldas	23
Chapeuzinho	25
Parceiro de mudança	29
Patrulha Canina	31
Na fonte – Parte I	33
Na fonte – Parte II	35
O mar de Marina	39
O que vem depois da curva	45
En garde!	49
Um bebê e sua mochila	53
Sucos e autonomias	55
O pedido na padaria	59
Olhos fixos	61
A rouquidão	63
Cuidado, boquinha, com o que fala	65
Coração com buraquinhos	67
Onisciência	71
Desistência e suficiência	73

75	Antes de tudo, ouça
77	Não se combate a tirania sendo tirânico também
79	Impressão estranha
83	A lágrima é salgada – Parte I
87	A lágrima é salgada – Parte II
93	Advento
97	A oração
99	Anunciação
105	*Jingle Bells*
109	A Bíblia e seu fim
111	Deus abençoe as máquinas de lavar
113	O velocista
115	O sorvete
117	A mochila verde
119	A árvore torta
121	Um clássico é um clássico
123	Uma questão de consciência
125	Mais um dia, mais um filme...

127 Sobre as autoras

Sou mãe há doze anos. Já são três crianças e talvez você ache que, por essas alturas, esta ser humana já estivesse adaptada e seria supereficiente nesse papel. Mas não é verdade! Ainda não aceito o fato de perder noites de sono, choro irritada quando minha agenda tem interrupções e intercorrências inesperadas. Há dias nos quais conto os minutos para as 18 horas; nesse horário, o sino da paróquia aqui do lado de casa toca e digo a mim mesma: "Amém, venci mais um dia". Em alguns momentos, eu me sinto extremamente presa e inútil. Já em outras ocasiões, eu me sinto supertudo: faço muitas coisas por mim e por eles, sinto que venci e fui excelente na quantidade e/ou qualidade de tudo o que fiz. Nesses dias, eu me sinto invencível. Aproveito ao máximo esse sentimento e momento, mesmo que dure pouco (o que me leva a rir quando penso a respeito).

Falar que uma mãe ou um pai, principalmente de crianças

pequenas — no meu caso, ainda tenho uma de três anos —, não tem tempo pra cuidar de si é clichê, pois é sabido por muitos. Mas, desde que tive Joaquim (2012), Isabel (2015) e agora Cecília (2020), tive de reaprender e reinventar também (e talvez principalmente) minha jornada de espiritualidade: meu andar e minha forma de me conectar com Deus.

Desde criança, Deus, igreja, Bíblia e tudo que essa porção de vocabulário, mundo e crença envolvem fizeram parte da minha vida forte e intensamente. Até meus 30 anos de idade, eu poderia descrever os únicos cinco domingos da minha vida que eu não estive na igreja, se é que faltei a tantos domingos de culto até então.

Meus pais são pastores. Quando nasci, meu pai já era reverendo há muito tempo. O ano em que completei 10 anos de idade foi marcado pela participação na implantação de uma igreja, da qual participo até hoje. Meu pai me introduziu aos livros, dos quais eu não gostava muito. Acredite, esta escritora já teve aversão à leitura. Mas, graças a muita insistência e paciência dos meus pais, hoje leio por amor e até me aventuro a escrever meus próprios livros para vocês.

Assim, enquanto pensava e repassava minha infância e adolescência, concluí que nunca tive uma rotina de leitura bíblica e oração firmemente estabelecida. A gente orava, lia a Bíblia, aprendia na igreja, memorizava versículos e fazia outras atividades. Batalhei na minha juventude contra um enorme sentimento de culpa, porque não sou uma das pessoas mais disciplinadas que conheço. Encontrar um plano de leitura bíblica ou devocional diário que me prendesse por mais de vinte dias era uma peleja. Eu me culpava porque não conseguia ficar de joelhos por mais de dez minutos, pois ou dormia ou devaneava. Contudo, um dia aprendi que a minha relação com Deus deveria ser um relacionamento meu com ele; não tinha de ser igual ao de ninguém. Deus não mandou tabela para cumprir nem folha de ponto para bater, não! Depois disso, finalmente parei de me comparar e de me cobrar tanto.

Lembrei-me da senhora que me ensinou boa parte de tudo que sei sobre a Bíblia. Ela dizia que orar é falar com Deus e que é possível fazer isso ao mesmo tempo que andamos, descemos a escada, tomamos banho. Nosso relacionamento com Deus pode acontecer em todo lugar, em todo tempo, porque ele sempre é e está. Essa noção e percepção são capazes de nos tocar, nos mudar e nos tornar sensíveis às necessidades do nosso entorno, ao outro e a nós mesmos. Eu aprendi que me relacionar com Deus é saber e acreditar que ele está em tudo, preenchendo todas as coisas.

Daquela jovem indisciplinada, mas muito apaixonada por viver uma grande aventura com Deus (que foi — e ainda é — vivida), surgiu uma mulher que se tornou mãe aos 25 anos de idade. Tenha em mente que, para a geração da minha mãe, 25 anos já era uma idade bastante avançada para se ter filhos, mas hoje em dia é como se eu fosse um unicórnio. A cara de assombro das pessoas quando falo que hoje tenho três filhos e 37 anos nunca vai deixar de me divertir.

Retomando minha primeira experiência materna, é de tirar a alma do corpo! Aos 25 anos de idade, a maioria dos meus amigos eram solteiros ou casados sem filhos. Todos viajavam e aproveitavam a vida "adoidado", cada mês em um lugar diferente; ou eram promovidos no trabalho. Já eu estava lá em casa com um bebê no colo, com os seios cheios de sapinho e uma cicatriz apavorante na barriga.

Ninguém colocou uma arma na minha cabeça nem me obrigou a engravidar, eu sei. Contudo, há momentos nos quais temos de nos dar o direito de entrar em desespero. Fui sincera com Deus e com as pessoas também. É chorando que lavamos os olhos e começamos a enxergar melhor. O consolo chega somente para quem deixa a sinceridade molhar o rosto.

Quem tem um ou mais filhos sabe que existe caos e ranger de dentes nos começos. A vida demora a voltar aos trilhos e a alma demora a voltar ao corpo. Leva tempo até encontrar seu jeito, sua rotina com aquele mini-humano. Tudo muda. Com isso, minha espiritualidade parecia ter ido para algum lugar esquecido e inacessível do Universo. Surgiram dali mais culpa e mais cobrança — principalmente de mim mesma.

Em um dia comum, porém, enquanto eu fazia uma atividade corriqueira da maternidade, ouvi Deus falar. Nesse dia, eu me lembrei de que ele se revela na clínica de vacinação, no filme da Disney que já assisti mais vezes do que meu córtex possa assimilar, na música que ouço quinhentas vezes por dia com as crianças. Deus nos conduz até ele, até sua palavra, até os pastos verdejantes. Ele se apresenta a nós como uma cachoeira refrescante, ele nos guia, de verdade, até as águas tranquilas e refrigera a nossa alma. Ele nos leva à fonte para que possamos ser fonte também.

Alguns dias, enquanto eu estava sentada no parquinho do prédio, algo acontecia. Alguma criança falava algo, e eu começava a sorrir. Ele falou comigo de novo. Este livro é sobre ser uma mãe que se reencontra com sua espiritualidade e reaprende a ouvir para, depois, (re)aprender a falar e a viver.

DÉBORA OTONI

Olá! Eu sou Raquel, mãe da Marina (*in memoriam*), do Felipe (nascido em abril de 2021) e aguardando na fila para adoção. Enquanto escrevo, meu menino dorme aqui do meu lado no novo horário que ele escolheu para a soneca.

Dizem que ser mãe (e pai) é isto: quando você se acostuma com um jeito de fazer as coisas, a criança resolve mudar tudo de novo. E esse é um grandioso desafio para esta que vos escreve.

Amo a rotina. Amo ser organizada. Amo saber o que vai acontecer. Amo chegar no horário. Amo chegar antes do horário. É claro que já fiz coisas não programadas na vida, mas me tornar adulta me deixou mais regrada. Eu precisava. Até então, eu sempre dava um jeitinho: aprendi cedo a ter de pensar rápido para lidar com os vários imprevistos que acontecem no dia a dia de uma igreja (para saber mais sobre minha família, veja a apresentação da Débora, viemos do mesmo lugar).

Vendo que eu estava me deixando levar por essa habilidade de improvisar no imprevisto, decidi que queria mudar; precisava mudar. Não dava mais para chegar em qualquer lugar sem estudar e sem saber do que estava falando. Eu não podia mais achar que poderia convencer os ouvintes das reuniões profissionais ou acadêmicas apenas com minha simpatia. Eu precisava me organizar.

Mas acho que me organizei demais. Gostei de ser metódica. Aprendi a amar esse mundo de horários e estruturas e talvez tenha sido demais. Se não me engano, foi de Lutero o pensamento de que somos como o pêndulo de um relógio, sempre nos extremos[1].

A maternidade, então, para mim, significa equilíbrio. A ironia é que nós nos desequilibramos demais quando nos tornamos mães — minha psicóloga o sabe muito bem. Só que é um desequilíbrio que não me mantém nem no extremo da organização nem na ponta da vida improvisada, mas é um balanço que me leva a encontrar os eixos necessários. Venho aprendendo a construir uma rotina organizada com Felipe, mas que tem espaços para a mudança e para o inesperado que me permitem lidar bem com isso.

Claro que é cansativo e não vivo a maternidade de forma completamente leve e equilibrada. Há momentos nos quais que tudo que eu queria

---

1 Se eu estiver enganada, desculpem-me os teólogos.

é que Felipe entendesse e seguisse as orientações de "hora de dormir", "hora de comer" e por aí vai. Já em outros, tudo o que eu gostaria é que ele não seguisse nada disso, para podermos nos aventurar em novas possibilidades.

Nesse vai e vem de expectativas e emoções, vai surgindo o equilíbrio. Damos mais um passo juntos nessa corda bamba que é viver em família. Vamos aprendendo e ensinando, dando risada e chorando, dormindo no horário de sempre e pulando sonecas. Nós nos ajustamos para nos desajustar logo adiante e reajustar tudo outra vez.

No meio disso tudo, o Senhor fala. Ele age. Ele ama. Ele está. É na constância e na inconstância do dia a dia que ele se manifesta com surpresas e continuidades. Ele é o mesmo sempre — e é quem sempre faz novas todas as coisas. De tudo que vivemos, é isso que eu quero que Felipe mais aprenda.

RAQUEL ARAÚJO

*"Filhos nos põem fortes, nos chamam
à luta, nos fazem guerreiros."*

DENISE FRAGA

UMA BÊNÇÃO E UM ENVIO

*Que Deus vá adiante de ti para te guiar Que Deus
esteja atrás de ti para te proteger Que Deus
esteja abaixo de ti para te suportar Que Deus
esteja ao teu lado para contigo caminhar*

*Não tenhas medo.
Que a bênção de Deus o Pai, o Filho e
o Espírito Santo esteja sobre você.*

*Não temas.
Que agora, abençoados, filhos e filhas,
vocês abençoem o mundo à sua volta.*

Segura, estica e puxa

DÉBORA OTONI

Joaquim nasceu em setembro de 2012 por uma cesárea pré-agendada desde a primeira consulta com a ginecologista. Não recomendo, mas foi o melhor que pude fazer na época e, depois, precisei aceitar. Tive depressão pós-parto em seguida. Graças à pediatra de Joaquim, tive acesso a medicamentos que me ajudaram a sair daquele quadro e a ter forças para viver meus dias. Eu não entendia como podia me sentir daquele jeito no momento que deveria ser o mais feliz da minha vida.

Ninguém mais se sentia como eu. Na época, talvez fosse difícil colocar em palavras; contudo, hoje sou eloquente quando explico que, por três meses, somente o Marcos, minha mãe e tias (minhas fadas madrinhas!) davam banho em Joaquim. Eu acreditava que definitivamente não tinha nascido com jeito para essas tarefas, não tinha coordenação nem condições emocional, mental e física para aquilo. Eles davam banho. Todo temido dia de dar vacina em Joaquim, que acontecia, no mínimo, uma vez por mês nos primeiros doze meses da vida dele, alguém ia comigo e entrava na salinha de vacinação. Eu me sentia incapaz de passar por aquilo sozinha. É claro que, nos primeiros meses, eu chorava toda vez.

Quando ele completou seis meses de idade, fiz uma das coisas mais corajosas da minha vida. Eu o coloquei na cadeirinha do carro, peguei as coisas e fomos nós dois sozinhos para a clínica de vacinação. (Sim, era meu filho único, e eu paguei a vacina para não ter reação, o que me deixa vulnerável a julgamentos). Saímos eu, o Clio vermelho e Tico para essa aventura voraz. Parecia que meu coração ia explodir enquanto eu repetia para mim mesma: "Você vai conseguir, Débora". Sou dramática, não é? Pois bem, quando chegamos à clínica, lá fui eu para a salinha, sentei-me na cadeira e segurei o Joaquim para ser vacinado. "Débora, você tem que passar segurança para ele. Vai ficar tudo bem", pensei.

Eu ficava tentando me regular e me controlar para ajudar meu filho a passar pela tão temida agulhada, ao mesmo tempo que sussurrava no ouvido dele: "Vai ficar tudo bem. Mamãe está aqui!" Eu o balançava, falava sem parar que estava ali e que era para o bem dele. Talvez eu que precisasse acreditar naquilo primeiro. Durante essa cena caótica, de repente, parei e comecei a sorrir. Sem motivo algum, eu me lembrei — quer dizer, ele me lembrou. Diz a Palavra que a memória nos traz esperança.

Deus nos segura no colo enquanto precisamos tomar as vacinas da vida. Ele sabe o quanto precisamos delas. Temos de ser imunizados e blindados contra certas situações. O que é apenas aparentemente ruim e doloroso nos acontece, ao mesmo tempo que ele nos embala e sussurra: "Eu estou aqui, minha filha. Tenha calma, respire. Você vai conseguir". Se eu espernear demais, como um bebê, não conseguirei ouvi-lo nem senti-lo. Se me debato demais, não consigo aproveitar o aconchego e o colo do Pai. Se rejeito a vacina, não posso seguir em frente, crescer e amadurecer. Meu sistema e minha maturidade ficam frágeis e suscetíveis a qualquer situação que surgir.

Naquele dia, naquela clínica, enquanto eu segurava Joaquim com todas as minhas forças e carinho, lembrei-me de que Deus está nos segurando enquanto estica nossa fé rumo ao crescimento. Posso chorar e posso ter medo, mas não preciso deixar que esses sentimentos descontrolem minha vida. É melhor deitar-me no colo do Pai, com os olhos encharcados e a respiração ofegante até que, enfim, eu consiga ouvir: "Está tudo bem, estou aqui com você... vai passar."

Troca de fraldas

RAQUEL ARAÚJO

Um bebê recém-nascido precisa ser trocado praticamente o dia inteiro. Aquele ser molinho, tão pequeno, mas capaz de produzir material o dia todo. É tanto vai e vem ao trocador que chegamos a pensar: "Até quando, Senhor?"

Um dia acordamos achando que será mais um dia normal, mas não. De repente, o bebê aprende a rolar, e aqui, meu querido leitor, começa uma nova aventura no mundo das fraldas. Seu bebê começa a achar muito entediante cooperar e ficar quieto enquanto você tira a produção pastosa do seu bumbum. Ele começa a entender que há um mundo a ser explorado por diferentes ângulos. Enquanto isso, você, adulto, fica exposto a excrementos de outro humano, em uma exploração atrasada em meio a lenços umedecidos e pomadas antiassaduras.

Aqui foi assim. E ainda é. Felipe tinha 1 ano e 2 meses quando escrevi este desabafo. Ela já andava e não suportava mais perder tempo da vida trocando fraldas. Ele se debatia, tentava se levantar, segurar minha mão ou a fralda (e acabava pegando a sujeira. Sim, já vivemos essa cena). Todas as vezes, foi preciso respirar fundo e repetir para mim mesma meu eterno mantra: "Eu sou a adulta da relação, vou conseguir". Também precisei repetir para Felipe uma frase que segue ecoando: "Quanto mais você se mexer, mais vai demorar a voltar pra brincadeira".

Essa situação me faz recordar de uma história que meu pai me conta há anos. Uma menina estava triste, porque enfrentava um problema difícil de suportar. Ela foi questionar seu pai sobre Salmos 30:5, que diz: "[...] Ao anoitecer, pode vir o choro, mas a alegria vem pela manhã" (ARA). A pergunta era a mesma que eu muitas vezes faço, diante dos meus problemas: "Quanto tempo dura essa noite?" O pai, na sua sabedoria, lhe respondeu uma verdade eterna: "Depende de como você passa a noite. Se você fica se remexendo de um lado pro outro, acordada, andando pela casa, custa a amanhecer. Mas, se você se permite dormir, quando menos esperar, o amanhecer já chegou".

Trocar fraldas e passar pelas noites de choro não são nossas primeiras escolhas, mas são momentos necessários. Não temos para onde correr da realidade. Podemos, porém, escolher como vivenciar os percalços.

A brincadeira de fraldas limpas vem. Bem como as manhãs sem choro.

Chapeuzinho

DÉBORA OTONI

Meus filhos têm fases de assistir coisas repetidamente. Joaquim teve fase de *UP altas aventuras, Palavra cantada, Toy Story, Marvel,* youtubers da Marvel, entre outras. Isabel demorou, mas engrenou nas suas escolhas também. Ela assiste aos mesmos seriados sempre: *Alexa and Katie, Austin and Ally, ICarly,* youtubers e mais youtubers. Cecília, por sua vez, ficou fixada em histórias e contos. Não espanta ninguém que o aniversário dela de 2 anos tenha sido com o tema "Era uma vez". *Os três porquinhos, Cachinhos dourados, Patinho feio* e *Chapeuzinho vermelho* ocupam o panteão dos contos favoritos que ela gosta de ver, ouvir e assistir.

Às vezes, no carro, para ter um pouco de paz, eu coloco alguma história. Teve um dia que ela pedia muito *Chapeuzinho vermelho.* Achei no *Spotify* uma versão que parecia legal e apertei o play. É, Deus não está de brincadeira. História vai, história vem, chegamos na parte que Chapeuzinho está a caminho da casa da vovozinha, seguindo as instruções de sua mãe quando, de repente, solta a pérola:

> Gosto tanto de passear nesta floresta. Minha mãe quer que eu ande depressa por aqui. Mas correndo

> quem é que consegue sentir o perfume das flores?
> Com pressa quem é que consegue seguir as borboletas?

Ao que o narrador continua: "Distraída, Chapeuzinho ia alegre cantando sem desconfiar que alguém seguia seus passos..." O resto da história você já conhece.

Muitas vezes também vamos de um polo ao outro, da atenção à distração, da pressa à calma na jornada. Também questionamos como desfrutar da vida que nos exige rapidez e eficiência a todo momento.

Eu me declaro: Culpada! Já tive pressa demais e hoje talvez esteja mais no modo Almir Sater e Renato Teixeira, "Ando devagar porque já tive pressa. Levo esse sorriso porque já chorei demais".[1] A pressa e o senso de urgência já me fizeram nivelar coisas e pessoas de formas totalmente equivocadas em minha vida. Já deixei de estar com meus avós porque eu tinha de fazer, cumprir, estar em minhas tarefas eclesiásticas, e isso me dói até hoje, pois ainda sinto falta e saudade demais deles. Eu poderia ter aproveitado mais.

Um dia, estudando em um seminário fora do Brasil, um professor precisou me pastorear sobre isso. Eu me sentia culpada quando descansava e aproveitava situações da vida; então, tive de aprender que a vida não existe apenas para ser aguentada,

---

1 Dois primeiros versos de "Tocando em frente".

administrada, bem gerida e cheia de sucessos, metas batidas... mas para ser aproveitada também. O melhor proveito que podemos tirar dela talvez realmente seja observar o caminho e ser transformados por ele. Quem come depressa demais sente fome logo, pois nunca está saciado. Esse pensamento também serve para nossa jornada: quem anda rápido demais e sempre está atrás de metas, objetivos para bater, nunca está completo, são, satisfeito, contente, pleno.

Então, Chapeuzinho que me lê, aprenda esta lição que não está relacionada com não falar com estranhos na rua, mas com desfrutar plenamente, aproveitar as flores e as borboletas, atentos aos sinais, às sombras, às eminências. Curta os momentos, os dias. Reflita, sinta, chore, se arrepie, mas seja sábio e prudente. É possível ser equilibrado para ser mais leve. Sendo mais leves, quem sabe seremos mais fortes.

Parceiro de mudança

RAQUEL ARAÚJO

O ano é 1995, e algo mágico está para acontecer. Um xerife, até então o brinquedo preferido de seu dono, vai ter seu orgulho desafiado pela chegada de um patrulheiro espacial. Quase trinta anos depois, *Toy Story* continua sendo sucesso entre avós, pais, crianças e bebês (e neste último grupo temos o meu menino alucinado por Woody e Buzz).

Quando o filme foi lançado, eu tinha 6 anos. Hoje, mãe, com 32, já assisti o suficiente com meu irmão caçula, nos anos 1990, e com meu filho, em um ano, para saber muitas falas de cor. E acho que tem uma delas que ninguém nunca deveria se esquecer.

A cena mostra Woody, que tinha convocado uma reunião com os brinquedos, avisando que a festa de aniversário de Andy seria adiantada. Para enrolar, antes de chegar ao assunto, ele fala sobre a mudança de casa. Cada brinquedo deveria escolher outro como dupla para esse dia. A ordem é clara e direta: "Parceiro de mudança: se não tem um, arranje!"

A ordem do esperto xerife permanece válida: não é possível passarmos por mudança alguma se formos sós. Quer dizer, até tem, mas é arriscado. O maior dos riscos, como explicou Woody, é o de que alguém fique para trás. O parceiro de mudança estava ali para garantir que isso não acontecesse.

Viver é mudança. Crescer é mudança. Decidir é mudança. Nessa dança constante dos nossos dias, corremos o risco de deixar pra trás pessoas ou coisas que realmente importam. Ter alguém ao nosso lado — ou estar ao lado de alguém — é ter essa pessoa como uma memória cuidadosa, olhando por nossos detalhes sem nos deixar para trás enquanto passamos por transições — das mais suaves às tempestuosas.

Eu sei, eu sei, o ditado diz: "antes só do que mal acompanhado" e eu concordo. Mas antes bem acompanhado do que só. Já diria o sábio, "É melhor serem dois do que um [...]" (Eclesiastes 4.9).

Patrulha Canina

RAQUEL ARAÚJO

Não gosto muito de filmes e desenhos com animais que falam. É algo que carrego comigo desde criança. Agora, com Felipe e seu amor por cachorros, *Patrulha Canina* se tornou uma opção (até porque ele não vai ter um cachorro de estimação de verdade em casa tão cedo).

Apesar disso, o desenho sempre me ganha na mesma cena. Toda vez que acontece um problema — seja um macaco capitão espacial que perdeu o controle da nave, ou pinguins perdidos na selva —, Ryder, chefe humano da matilha, diz "Nenhum trabalho é tão grande, nenhum filhote é tão pequeno". Essa frase é repetida desde a música de abertura até o final do episódio, como um fomento à força e à coragem.

Contudo, não é esta minha cena favorita, porque sei que há trabalhos grandes demais para a minha pequenez. Tem trabalho que é exaustivo demais, frustrante demais, desafiador demais. Não adianta dizer que ninguém é tão pequeno para uma determinada tarefa, pois muitas delas eu já tentei — inclusive na maternidade — e falhei justamente por causa das minhas limitações. Eu não dou conta de tudo. Nem a Patrulha Canina dá.

O que anima os filhotes a encararem os problemas — e aqui vai minha cena favorita — é a certeza: quando são acionados, eles todos dizem: "O Ryder tá chamando". Nada mais importa! Se Ryder chamou, vai dar certo; porque Ryder chamou, nenhuma pequenez se assusta com o tamanho dos problemas. O chamado de Ryder é o que vem antes de qualquer desafio ou trabalho. Ele está lá, esperando cada filhote para propor uma ação que faça sentido à situação.

E é assim conosco, quando chamados pelo próprio Cristo. Enfrentamos problemas grandes demais para nossa pequena condição. Mas não sou mais eu — na minha pequenez e nas minhas limitações — que preciso ter resposta para tudo ou ter força para enfrentar o que vier ao meu caminho. Vou com uma certeza: Jesus está chamando.

Diante desse chamado bondoso e eterno, nosso coração se enche de força e esperança. Tudo podemos nele, fortalecidos por ele, em resposta ao chamado dele. Até porque, não vamos sozinhos, Cristo vai conosco.

Na fonte — Parte I

DÉBORA OTONI

"Mãe, aqui tinha um poço. Eu quebrei e fiz uma fonte." Joaquim me disse essas palavras enquanto jogava Minecraft e narrava suas novas conquistas e feitos. Minecraft é um jogo eletrônico que tem por principal objetivo construir. Você pode fazer uma casa, uma cidade, ao quebrar blocos, coletar materiais e construir.

Naquele momento, ri e me lembrei de quando tive uma fase na minha caminhada que tudo acabava em João 4. Ouvindo Joaquim falar sobre o poço e a fonte, recordei da ordem do Mestre para a moça sentada no poço: "Chega de tomar água daqui, de tomar de balde. Somos feitos para fluir, para transbordar." Não existimos para reter e subir tijolinhos; a ordem aqui é para mergulhar, encharcar. Quem chega perto de nós tem que sair refrescado, saciado, sem sede.

Poços têm limites, secam; é difícil chegar até a água. A fonte não, ela apenas existe e jorra, transborda, entrega. Talvez, por vivermos mais como poço, nosso maternar seja tão árduo e difícil. Custamos a entender que perder o controle — perder a agenda, abrir a porta para o caos e para os imprevistos e para as interrupções — é a melhor coisa que pode nos acontecer.

O problema da mulher do poço era aparentemente moral para muitos. Para Cristo, era um problema de mentalidade e de coração. Uma vida encharcada não é movida e regida pelos sentimentos apenas; a vida da fonte é abundante e gera saúde, paz e vivacidade, responsabilidade na fluidez. No caminho desse rio, encontramos relações sadias, carinho, frutos e saciedade.

Quando achar poços em si, faça como Joaquim, troque por fontes.

Na fonte — Parte II

DÉBORA OTONI

Certa vez, estávamos de férias e, como moramos em uma cidade de praia, escolhi fazer diferente. Eu não posso ser considerada uma das pessoas mais chegadas a sol, areia e água salgada nesta vida, mas decidi, naquelas férias, fazer um esforço e criar boas memórias com meus filhos.

Lá fui eu, então, com minhas sacolas cheias de coisas e três crianças a tiracolo. Sol rachando, era quase meio-dia. A água do mar nessa cidade é fria, muito fria. Ainda assim, aproveitamos bastante. Muitos picolés, milhos cozidos e escavações na areia. Depois, retornamos para casa em busca de banho e almoço, por volta das 14 horas.

Enquanto eu desfazia todas as bolsas e colocava a casa minimamente no lugar, despachei todas as crianças para o banho. Chegou a vez da Ceci, que estava com 2 anos e 8 meses, na época. Em nossa casa, a regra geral é dar autonomia e ajudar as crianças a fazerem o máximo de coisas por si próprias. Apesar de a nossa cultura dizer "Ai que dó, que pena" e de eu ser condenada no tribunal das mães, sigo acreditando que criar crianças autônomas e autossustentáveis é o melhor investimento para o futuro deles, o meu e o de todas as relações que eles terão.

Cecília estava então tomando banho de piscininha inflável dentro do box. Liguei o chuveiro e deixei ela lá com sua boneca, seus baldinhos e o sabonete em barra que ela ama. Continuei na função de organizar a casa, esquentar almoço, responder mensagens etc. De repente, passo pelo corredor e deparo com uma inundação, a piscina "andou" para cima do ralo do box. Como o chuveiro estava ligado, a água transbordou, encheu o box, em seguida encheu o banheiro que, por sua vez, encheu o corredor, passou pelo quarto da Bebel e chegou à sala. Era muita água mesmo! E eu nem vi tudo isso acontecer.

Antes de gritar, espernear e tentar achar culpados que não fossem eu (a piscininha não tem pernas, eu conferi!), fui à fonte do problema. Tirei a piscina de cima do ralo e desliguei o chuveiro. Não ia adiantar começar a secar, passar rodo, puxar água, sem antes ir à raiz do problema.

Foi nesse momento que me deu um estalo: muitas vezes, jogamos toalhas em cima de aguaceiros e fazemos um grande esforço para puxar a água dos alagamentos, mas, na verdade, tudo o que precisamos é ir direto à fonte: Onde realmente começou o problema? Qual ralo está tampado? Há um chuveiro ligado mais tempo que deveria? Antes de espernear, reflita, considere. Não tire conclusões precipitadas, mas observe o óbvio, porque, às vezes, o óbvio, o simples, é suficiente.

Desliguei o chuveiro, puxei a água. Usei todas as toalhas da casa para secar e resolver a situação. Aprendi a lição: antes de tudo, para resolver meus vazamentos e derramamentos, preciso ir à fonte.

O mar de Marina

RAQUEL ARAÚJO

Fé é uma coisa complicada.

Pelo menos foi assim que pensei por longas semanas em 2019. Eu estava grávida da nossa primeira filha, Marina. Para ela e por ela, mesmo em gestação, não poupamos nada. Era nosso xodó. Um sonho. Ela já tinha saídas de maternidade, boneca de tricô, kit de banho. Ela já tinha o nosso amor. Todo o nosso amor.

Até que, em um exame, o médico ficou quieto demais. Os minutos iam passando na tela. Minha filha estava mexendo, eu via isso, mas o doutor não falava nada. Quando, finalmente, começou a explicar, a voz dele estava calma; as frases eram pausadas. Ele não era assim normalmente; pelo contrário, costumava ser um flamenguista bem barulhento. Aquele dia, não. Ele até perguntou se eu precisava de um tempo para respirar.

Meu marido e minha mãe estavam lá, ninguém soltou minha mão — e ninguém piscava. O médico explicava cada parte do corpo dela, ainda em formação, que não estava de acordo com o esperado. Falou dos pulmões. Depois, do coração. Das mãozinhas. Eram questões demais para uma menininha tão pequena.

Ele disse que não era possível fechar um diagnóstico. O normal seria que a gravidez não tivesse vingado semanas antes. Se Marina ainda estava viva e ativa — como estava —, poderíamos investigar melhor o que estava acontecendo, mas sem muitas expectativas.

Fé é uma coisa complicada.

Chorei muito no corredor da clínica. Chorei ligando para a minha obstetra. Chorei quando oramos no carro. Chorei quando vi as coisas da Marina em casa. Por algum motivo, porém, a cada novo exame que fazíamos para investigar as causas daquilo tudo, eu era tomada de uma força sem igual. A caminho das clínicas, eu colocava bons e velhos cânticos que, por anos, alimentaram meu espírito, e seguia confiante. Pelo caminho, eu sabia — com muita certeza — que eu chegaria na ultrassonografia para ouvir "Oh céus, o que aconteceu aqui? A Marina está curada!". A verdade é que eu nunca ouvi essa frase. O que o médico dizia era: "Está tudo como antes".

O que era essa tal fé que eu nutria, então, já que cada dia era um marasmo, um mar sem ondas nem vento?

Às vezes, vinha a minha cabeça: "Eu devia comprar mais alguma coisa para ela como um ato de fé", mas não comprei mais nada. Estava tudo em espera. Determinado entardecer, enquanto o sol se despedia da praia, percebi que a noite vinha com uma bela lua cheia. Pensei: "Essa lua é de parir". Eu não sabia se lutava contra esse pensamento, mas me deixei ser levada por uma estranha correnteza suave de paz. Tarde da noite, minha bolsa rompeu. Fomos Douglas e eu para o hospital ao som de cantigas de fé da minha infância. As cantigas que cantávamos eram sobre o mar, o mar de Marina:

> Vede! Cautelosamente, vai
> um barquinho a vagar;
> e o vento que é o seu motor,
> não o deixa parar.
> Minha vida é assim, também:
> não vive no mar, mas vive a vagar;
> sou como um barquinho cruzador,
> mas quem me conduz é o Senhor.[2]

> Com Cristo no barco,
> tudo vai muito bem
> e passa o temporal.[3]

Sem que eu sentisse nenhuma dor, ao contrário do esperado para um aborto, e sem que eu tivesse nenhuma complicação, Marina foi para o Senhor. Marina foi em paz.

Mas nós ficamos.

O dia seguinte foi horrível. Entregar o corpinho da minha filha a um laboratório foi cruel. Ela não foi

---

2 Essa pequena canção chama-se *Barquinho* e foi composta por Edson Cezar e Paulo Cezar.

3 Essa canção chama-se *Com Cristo no barco* e sua autoria é desconhecida.

enterrada porque não tinha tamanho para isso. Nós a entregamos dentro de um pote para uma mulher fria e mal-educada. O temporal, que eu imaginava estar passando, estava apenas começando.

Fé é uma coisa complicada.

Foi depois que tudo acabou que todas as perguntas me rasgaram como um rio feroz que cansou de ser represado. Eu queria acordar Deus aos gritos, mas parecia que ele não estava lá no meu barquinho. Em meio às lágrimas, foi difícil de enxergar, até que ouvi sua voz me chamando pelo nome. Ele estava no meio do mar. As ondas que quebravam em mim, quebravam primeiro nele. Ele sabia o que era ver um filho enfrentar a morte.

Não foi de uma hora para outra que consegui andar sobre as águas, cheia de fé, e enfrentar a tristeza e a saudade. O luto é real e complexo demais para se resolver em estágios pré-agendados. É preciso viver um dia de cada vez. O temporal se acalma aos poucos. Tem dias em que o mar parece uma piscina caribenha. Em outros, as ondas ameaçam surgir. E algumas vezes elas nos afogam sem avisar.

Todos esses dias, o que me sustenta é lembrar que foi o Senhor quem criou os mares, quem teceu minha filha do jeito que ela era e quem a recolheu para si. Minha filha está com o Senhor, onde não há malformação que a impeça de viver a vida abundante nem onda que a afogue. Ali nos encontraremos um dia.

Tudo que me permitiram ver dela foi sua mão-zinha. Um dia, eu a verei por inteiro, como ela é conhecida. Mais que isso, verei o Senhor. E isso será suficiente.

Fé pode ser uma coisa simples.

O que vem depois da curva

DÉBORA OTONI

Estava eu, um dia, apresentando Bebel ao filme *Pocahontas*. Era um dos que eu assistia e adorava quando criança. Fui criada com muita comida e fitas VHS da Disney. Obrigada, pai; obrigada, mãe!

Lá estávamos assistindo com muita atenção e, de repente, a *Pocah* começa a cantar "Lá na curva". É sério, tenho uma catarse toda vez que assisto a um filme infantil (É bom que você também tenha!).

> O que eu gosto no rio mais
> é que ele nunca está igual
> A água sempre muda e vai correndo
> mas não podemos viver assim
> e este é o nosso mal
> e o pior é que acabamos não sabendo
>
> Lá na curva, o que vem?
> Sempre: lá na curva o que vem?
> Quero saber: lá na curva o que vem?[4]

---

4 Letra original composta por Stephen Scwartz, melodia por Alan Menken. A tradução da versão brasileira foi feita por Telo Perle Münch.

Ouvir essas palavras gerou um estalo no meu cérebro. Essa frase ficou martelando na minha cabeça por dias e gerou uma pergunta: "O que vem depois da curva?" Não seria essa a indagação que sempre fazemos quando trilhamos um novo caminho ou nos vemos diante de um momento no qual decisões e escolhas são necessárias?

A gente quer saber o que estará atrás de cada porta pela qual vamos passar antes mesmo de a atravessarmos e o que acontecerá se escolhermos seguir o caminho A ou B. Contudo, você e eu estamos em um barquinho estilo canoa, remando cachoeira abaixo, como a Pocahontas. Não há como saber. Um movimento precisa ser feito; uma palavra precisa ser dita. Você precisa tomar uma decisão e agir.

Não, não há tempo para mensurar e testar todas as opções. A correnteza é forte e leva nossa canoa em velocidade extrema. Tudo é muito rápido. A vida é um instante. Cada segundo conta. Temos frações minúsculas de tempo para decidir ir. Seguir o fluxo ou remar contra a maré. Muitas vezes, não haverá tempo excedente para calcular e escolher. Estamos ribanceira abaixo. Contagem regressiva: 3, 2, 1, já. Resta-nos decidir qual curva fazer, qual direção tomar.

Sem decisão, você coloca seu lar e seus filhos em risco. Seu casamento pode estar em uma arena perigosa, porque você está calculando demais e agora está muito perto de se quebrar porque não fez a curva.

Faça a curva! Provérbios 3 diz que se a gente confia em Deus e não nos nossos cálculos, presunções e raciocínio, ele endireitará as veredas necessárias (cf. versículo 6).

Sabe o que isso quer dizer? Que, às vezes, a gente demora para resolver, decidir, para escolher o rumo a tomar, para dobrar a esquina, mudar a direção e o lugar, porque queremos tudo explicado, todas as cartas na mesa, todas as contas fechadas. Estribamos demais no nosso conhecimento de causa. Ou porque queremos que uma resposta certa e exata venha "de Deus" para nós. E eu tenho aprendido nessa jornada que Deus não quer nos dar respostas prontas, apontar caminhos exatos. Ele já nos deu e pode nos dar sabedoria e discernimento para decidir e resolver, e para ensinarmos nossos filhos a fazerem o mesmo.

Não se confunda. Nada do que eu disse é uma permissão para ser desleixado na hora de virar as curvas. Entretanto, não é possível esperar em demasia e confiar apenas no que se sabe, na sua capacidade, nos seus cálculos. Faça a curva antes de dar de cara com as pedras. Confie em Deus, se for o caminho equivocado, ele tem graça e misericórdia diárias e suficientes para ajudar você a lidar com as consequências dessas escolhas. Faça a curva e creia que ele endireitará e consertará o que for preciso. Ele desentorta caminhos, faz brotar estradas e dá direção.

Deus, porém, não escolhe por você. A escolha é sua, a consequência também. Mas não estaremos sozinhos na canoa, na curva, cachoeira abaixo ou nas águas tranquilas. Não sei o que tem depois da curva, mas tenho certeza de que lá ele também já está.

En garde!

DÉBORA OTONI

Dizem que filhos são uma extensão dos pais, um prolongamento que nos leva mais longe — ainda que seja em relação à loucura. Depois de me tornar mãe, com certeza, passei a conhecer mundos nunca acessados.

Além da diversidade de canais do YouTube, das músicas e dos desenhos que descobri, das palavras em japonês que aprendi, das músicas do *Now United* que tive de cantar e da quantidade de vezes que ouvi Joaquim falar sobre os heróis da Marvel (que fase!), também naveguei por lugares, conheci pessoas, fiz amizades, sentei-me a mesas e compreendi esportes muito peculiares e divertidos.

Joaquim, sempre precoce, logo pequeno já via Tartarugas Ninjas e outros desenhos do mesmo estilo. Em uma dessas séries de heróis, algum personagem fazia uso da espada de esgrima, e, desde então, ele repetia: "Mãe, quero fazer aula de esgrima". Ele não tinha nem 6 anos!

Vida vai, vida vem, nós nos mudamos para São Paulo. E, para surpresa de todos e alegria indizível de Joaquim, qual aula extra a escola ofereceu? Isso mesmo, esgrima! Mãe profissional que sou, fui eu realizar o sonho do meu filho! Bem, matriculamos o menino na modalidade e, duas vezes por semana, chegávamos mais cedo à escola, para a tão amada aula de esgrima. As mães não podiam assistir às aulas, e meu ser curioso não gostava de não poder dar sequer uma espiadinha.

Joaquim, empolgadíssimo, usava o que encontrava em casa para treinar, uma vez que o preço de equipamento de esgrima é, digamos, acima da média. Eu ia precisar de um patrocinador! Vira e mexe, eu escutava os comandos e assistia ao Jo fazer os movimentos pelos cômodos.

Certo dia, parei para dar mais atenção ao que ele fazia, e a Isabel pediu que ele a ensinasse. Ele disse: "A primeira coisa que a gente tem que aprender é *En garde!*"; a expressão francesa foi dita aos gritos. Bel e eu nos assustamos com a ênfase enquanto ele continuava a falar cada vez mais alto *En garde!* e fazia o movimento de ataque para que Bebel fizesse a posição de defesa aprendida.

Antes de aprender a atacar ou a lutar, antes de ensinar a fazer os movimentos de investida contra o oponente, a professora ensinou a Joaquim como se proteger e manter a guarda.

Há aí um ensinamento para tirarmos disso. E eu sorri de novo. Antes de reagir de qualquer maneira, antes de falar sinceridades cruéis de qualquer forma, antes de se desesperar, lembre-se disso,

"Em guarda!". Adultos e cristãos que somos, cheios do Espírito, precisamos ter mais sensibilidade, precisamos de um coração mais atento, ouvindo e sentindo o Vento. Porque nem sempre Deus vai aparecer ou se revelar a nós com muitos barulhos ou trovoadas.

Autocontrole, tranquilidade e leveza são essenciais para quem quer seguir (e lutar) nesta vida. Um dia, tenso e aventuroso, de cada vez. Não baixe a guarda. Não saia em ataque de qualquer maneira. Observe o entorno, olhe com cuidado ao redor; para somente depois agir, falar, calar, reagir.

Touché!

Um bebê e sua mochila

RAQUEL ARAÚJO

Felipe foi para a escola com 11 meses, por necessidade da nossa rotina. Na época, ele nem sequer andava. Eu entregava o bebê e a bolsa na porta da escola, sem ele nem perceber que tinha pertences.

Quando fez 1 ano, ele ganhou uma mochila de rodinhas do *Toy Story* e ficou apaixonado, principalmente porque ele via todas as crianças maiores que ele puxando suas próprias mochilas pela escola. Claro que ter a dupla de amigos (Woody e Buzz) da qual era muito fã estampando a nova mochila colaborou grandemente para a alegria.

Com o tempo, ele passou a tentar puxá-la sozinho. Começou bem desajeitado, precisava que segurássemos junto, mas foi se aprumando. Faz parte do crescimento cada um aprender a carregar as próprias coisas. A autonomia que a criança adquire vem acompanhada de responsabilidades. Ele entendeu que aquilo era dele e que ele era capaz de direcionar aonde ele queria ir: a mochila era dele, quem carregava era ele.

Nós, adultos, não somos diferentes. Carregamos nossas coisas enquanto crescemos. Até que chega um momento em que tudo parece pesado demais. E é aí que precisamos nos lembrar que também faz parte do crescimento aprender a entregar o que carregamos a Cristo em troca da suavidade e leveza que ele tem para nós. Somente assim acharemos descanso para nossa alma.

Sucos e autonomias

RAQUEL ARAÚJO

Os primeiros anos de vida da criança são um constante susto. É como se, a cada semana — ou a cada dia —, a criança descobrisse tanta coisa nova que não tivéssemos tempo para nos acostumar com as novidades. O desenvolvimento infantil é uma ciência e uma jornada fascinantes.

Existem partes dessa montanha russa do desenvolvimento que dão vontade de nós, os adultos esclarecidos, nos sentarmos e rirmos de cansaço, não é mesmo, Piaget?[5] Ainda mais na fase que a criança acha que sabe comer sozinha e faz questão de comer sozinha, mas ela não sabe comer sozinha. Mas ela só vai aprender a comer sozinha corretamente se deixarmos que ela tente e erre — e suje proporções inimagináveis da casa nesse processo.

Certo dia, meus pais estavam aqui em casa, e todos estávamos à mesa. Felipe, muito aparecido, quis tomar suco sozinho. O copo que ele usava era um

---

5   Jean William Fritz Piaget foi um psicólogo e pesquisador em pedagogia, nascido na Suíça. Estudou psicologia evolutiva e revolucionou os conceitos de inteligência infantil. A Teoria Construtivista foi inspirada em sua obra e estabelece, no campo pedagógico, que a aprendizagem é adquirida mediante a interação do indivíduo com o ambiente em que vive. Mais informações sobre a biografia do estudioso podem ser encontradas em: https://www.ebiografia.com/jean_piaget/. Acesso em: 9 jan. 2024.

desses copos vendidos como sendo de treinamento, que tem uma válvula na tampa para impedir grandes desastres. Ele percebeu a façanha do produto e não aquietou enquanto não tiramos a tampa. Ele queria de todo jeito mostrar para os avós que bebia em um copo igual ao deles.

O primeiro gole, surpreendentemente, foi perfeito. Aproveitamos para um belo reforço positivo — não é, Skinner?[6] Palmas, elogios, até que o garoto se animou e, tomado de êxtase, em segundos, diante dos olhos de todos, mas mais ágil que qualquer pessoa presente, ele virou o copo de suco inteiro no rosto. Eu sei, havia quatro adultos ali, a responsabilidade da bagunça não era de Felipe. E eu também sei que faz parte da aprendizagem ele errar (tanto é que ainda não repetiu a façanha).

Apesar disso, eu também sei que, por muitas vezes, sou como Felipe e, em vez de eu me permitir aprender com calma, de respeitar os meus limites, eu me atropelo. Como adulta, tenho capacidade para me permitir maneirar no ritmo, mas, em vez disso, ajo como um bebê eufórico e movido pelos aplausos dos avós. Quando vejo, estou ensopada com minhas decisões apressadas.

---

6   Burrhus Frederic Skinner foi um psicólogo norte-americano que, ao estudar o Behaviorismo de Watson, desenvolveu o Behaviorismo Radical e escreveu sobre a teoria do comportamento, reforço e aprendizagem. Mais informações sobre sua biografia podem ser encontradas em: https://www.ebiografia.com/burrhus_frederic_skinner/. Acesso em: 9 jan. 2024.

Há muito ainda para eu aprender. O desenvolvimento é um processo constante no ser humano. Enquanto estamos vivos, adquirimos novos conhecimentos e habilidades, mudamos nosso comportamento, criamos formas novas de viver a vida. Só não aprende quem não está vivo. Por isso, posso pegar mais leve. Não tenho prazo para concluir meu desenvolvimento. Não é uma idade ou um *status* que põe fim à minha carreira. Não preciso ter pressa, posso me permitir ter tempo para aprender com calma sobre cada copo de suco que a vida me apresentar. Sem bagunça.

O pedido na padaria

RAQUEL ARAÚJO

Felipe começou a pedir o que quer para pessoas que não são próximas dele e que, por isso, não entendem seu vocabulário peculiar. Um dia desses, estávamos ele, Douglas e eu na padaria. Felipe já sabe o que tem em padarias, o que ele mais ama no mundo e que ele comeria o dia inteiro, todo dia, se pudesse: pão de queijo.

Por isso, assim que se assentou na sua cadeira e a garçonete veio, ele nem pestanejou: "Tia, qué pão!". A moça riu e foi atender o pedido do rapaz, que saboreou muito satisfeito seus pães (no plural, obviamente). Enquanto ele comia, eu me lembrei das palavras de Davi e as compreendi como nunca: "Antes mesmo que a palavra me chegue à língua, tu Senhor, já a conheces inteiramente" (Salmos 139:4).

Eu sempre pensava sobre essa onisciência divina do "lado de cá" da relação. Claro, é onde todos estamos. Mas, por um momento — tão breve e simples —, pude vislumbrar o que deve passar no coração do Senhor enquanto lhe apresentamos nossos pedidos.

Antes que a palavra "pão" viesse à boca de Felipe, eu já sabia o que ele queria. Também já sabia que aquela palavra era frequente no seu vocabulário.

Ainda assim, vê-lo pedindo sozinho foi especial. Ele foi capaz de expor o que queria, sem medo nem vergonha. Ele estava cercado de gente que o deixava seguro e à vontade para externar seus desejos, mesmo sem saber falar da forma mais fluente e eloquente.

Fiquei me imaginando diante do Senhor. Pedindo meus "pães" com minhas frases incompletas, mas confiante de estar com meu Pai e saber que ele me ouve e entende. E fiquei também imaginando o Senhor ouvindo meu transbordar com seu próprio coração transbordando. E que os pães de queijo sempre me lembrem disso. Amém.

Olhos fixos

DÉBORA OTONI

"Mãe, quando mantenho os olhos fixos em você, eu consigo!", exclamou Joaquim enquanto tentava dar um salto mortal na cama elástica, sem sucesso, por bastante tempo, até descobrir o ponto fixo (nesse caso, eu) e conseguir. Daí veio aquele estalo (ah, os parquinhos e seus momentos).

Viver, talvez, seja achar o equilíbrio entre perceber, olhar, reconhecer, dar atenção às pessoas e às circunstâncias à nossa volta, *versus* fixar os olhos no que nos dará equilíbrio e força para fazer o que tem de ser feito. Acho que, de vez em quando, a gente troca um pelo outro e fixa os olhos na nossa pouca força, nos nossos fluidos e equivocados sentimentos, nas pessoas que também estão passando pelos próprios processos, na realidade que nem sempre é favorável. Assim, nossa confiança se esvai e nosso ânimo acaba.

Quando fixamos os olhos no Eterno, aprendemos a lidar melhor com as situações, com as pessoas, com os sentimentos, com as faltas. Entendemos a hora certa de falar e a hora apropriada de calar. Fixos na Trindade, compreendemos que não devemos substituir o que é mais importante pelo que não nos sustentará a longo termo. Conquistar, vencer, ter — tudo isso se torna secundário. Olhando para nosso Pai, que é verdadeiramente bom, aprendemos que a decepção pode vir, nos fazer chorar e tirar nosso fôlego, mas não tira nossa vida.

Marcos, meu marido, escreveu uma música chamada "Jeito do céu", que diz: "quem olha pra ele descobre o chão". É isso! Estamos bem atentos aos movimentos divinos para nos movimentarmos na terra. A fé existe para a vida de hoje.

Os ritmos da graça estão montando e desenhando uma história de paz, amor e liberdade para nós. Olhar fixamente para Deus nos garante conseguir enxergar cor, beleza e alegria apesar de toda poeira da vida. Se escolhermos corretamente onde manter os olhos, as piruetas dos dias vão se desenrolar. Onde seus olhos estão fixos hoje?

A rouquidão

RAQUEL ARAÚJO

Em outubro de 2022, eu fiquei bem rouca. Do tipo que a voz some e reaparece só em lampejos desentoados. Poderia parecer um sintoma psicossomático decorrente do clima sociopolítico (e, infelizmente, religioso) instaurado no país — diante do caos, fiquei sem voz. Ou poderia ser resultado de semanas sem que o clima de nossa cidade firmasse um único dia, acompanhado do eterno (e miserável) pó preto da companhia siderúrgica que tenazmente nos assedia. Poderia ser também a junção de ambas as opções.

O que importa no nosso parquinho é que eu estava sem voz e falando por sussurros. E Felipe, um falante fluente e tagarela na sua pouca idade, queria conversar o tempo todo. Para cada situação, ele queria expor seu vocabulário e queria que a gente interagisse, claro. E esses encontros não tinham uma projeção muito boa, porque eu não teria muito como responder.

Foi aí que o inesperado aconteceu (ou não tão inesperado assim): Felipe achou, por conta própria, que era uma brincadeira. Quando eu sussurrava para responder algum dos seus milhares de assuntos — motos, Mickey, blocos —, ele me respondia sussurrando. Depois, ria disso e continuava a sussurrar.

Quando minha voz ganhava alguma força, ele tornava a falar normalmente. Quando ela sumia, ele diminuía também.

Perceber o ambiente não é fácil. Somos e estamos já tão cheios de nossas necessidades e sons internos, que precisamos de uma energia, nem sempre disponível, para ouvirmos o que o outro diz e, ainda mais, como o outro diz.

Muitos dos trancos e barrancos nas nossas relações e conversações se resolveriam se simplesmente fizéssemos como Felipe. Antes de falar, apenas ouvir, sentir e compreender.

Por que é que a voz do outro está como está? Por que ele grita ou sussurra? Preciso me afastar ou me aproximar para que essa conversa não seja uma sequência de monólogos? E se eu tentar falar de uma forma que o outro me entenda, em vez de forçar que ele me escute a qualquer custo?

Enquanto seguirmos lutando para cada um construir sua própria torre de suposto poder e imaginária segurança, vamos continuar falando sem que nos ouçam, e ouvindo sem que entendamos. Nossa rouquidão não terá espaço de acolhimento — nem a rouquidão de ninguém. Gritos e sussurros serão em vão. Viveremos Babel. Quando somo tomados pelo Espírito, porém, não há voz desentoada que nos afaste.

Cuidado, boquinha, com o que fala

DÉBORA OTONI

Um domingo desses, eu estava almoçando com Marcos e as crianças e, "sem querer querendo"[7], ouvi a conversa da mesa ao lado. Estavam sentados um pai e uma mãe explicando alguma coisa de futebol e campeonatos para a filha adolescente. Conversa vai, explicação vem, a mãe da menina diz: "Não ganharam, né? Não adianta nada chegar na final se não for para ganhar". Ouvi aquilo com ódio, confesso. Respirei fundo enquanto cortava a carne do Joaquim, dei uma olhada de rabo de olho para encarar a pessoa que disse tamanha besteira, pois queria ver o rosto de quem vociferou aquela atrocidade. Depois, claro, fiquei almoçando com um olho aqui e outro lá. Reparando, para não dizer julgando, e esperando os próximos absurdos serem ditos.

Era somente uma conversa de almoço? Era, mas o que ela falava para a filha dela poderia ter consequências terríveis, pensei. Imagina o eco na vida daquela adolescente: não adianta chegar aos destinos

---

7 N. do E. Alusão à fala do personagem Chaves, do seriado homônimo, exibido pelo SBT, no Brasil, de 1984 a 2020.

se não for para ganhar; quem perde na final é o pior tipo de perdedor. Imagine a pressão que a menina vai pôr sobre si e sobre os outros também. Que tipo de relacionamento essa menina vai ter com essa verdade da mãe como parâmetro?

O que falamos pode ter efeitos catastróficos. Conseguimos construir ou destruir com nossa palavra. Nossa boca pode apagar incêndios ou colocar fogo em uma floresta inteira. Cuidado com suas afirmações e constatações ditas em voz alta. O que falamos pode levantar pessoas e colocá-las no caminho da vida ou pode acender a ira e a destruição.

É preciso ter cuidado e sensibilidade. A sinceridade sem os dois anteriores não é válida; ao contrário, machuca e mata. Verdades precisam ser ditas, vozes precisam ser ouvidas, mas com sabedoria, graça e sensibilidade. Quando falar, lembre-se: há crianças na sala.

Coração com buraquinhos

DÉBORA OTONI

Trechos de músicas podem ser títulos de textos? Sim e acho que é patológico, não sei se quero mudar. Bem, Isabel teve a fase Chiquititas, não julgo. Como eu era fã da primeira versão, não me importei muito; apesar de Bebel ser muito nova na época, permiti que ela assistisse. Ela adorava, dançava todas as coreografias das músicas. Era divertido de ver e confesso que, de vez em quando, eu assistia com ela, de verdade.

Acontece que essa novela infantil tem aquela famigerada canção triste, "Coração com buraquinhos". A personagem está tendo uma revelação sobre si mesma e, de repente, a ficha cai e ela afirma:

> Tenho um coração com buraquinhos
> e não posso me curar
> Se está morrendo aos pouquinhos
> com cada dor (com cada dor)
> se morre mais[8]

A letra é pesada para crianças? Sim, mas não mentiu em nada. Essa música maravilhosa (contém sarcasmo)

---

8   A música foi composta por Miguel Mariachi Dias.

que nos foi apresentada lá no fim dos anos 1990, e repetida agora pelo SBT, tem um grande fundo de verdade: o coração, às vezes, chora, e as pessoas que estão por perto não veem o que se passa por dentro. É claro que, quando enfrentamos esses sofrimentos mais adversos, crescemos e amadurecemos mais.

> A vida põe provas no caminho
> algumas te machucam, te fazem cair. [9]

Acho que já deu para entender, não é? Essa música apresenta somente verdades e constatações que precisamos fazer para prosseguirmos e sararmos, porque, se não percebe que seu coração tem buraquinhos e que você precisa de gente para ajudar a "curá-lo com beijinhos", você vai viver achando que todo mundo tem problema com você. Quando, na verdade, o problema não é você ou o outro, mas o que está dentro de você.

Sua resposta ao que as pessoas dizem, como se sente quando as pessoas olham para você, tudo isso está mais relacionado ao que tem dentro de você do que à intenção do outro. Você acha que alguém foi frio com você? Às vezes, é poque você carrega uma rejeição maltratada e grita por atenção. Possivelmente, a outra pessoa só falou algo comum, normal para ela, mas você se ofendeu. Alguém olhou para você com desprezo?

---

9   Trecho da canção citada anteriormente.

Talvez, dentro do seu coração, haja um buraquinho precisando de carinho.

Meu ponto é, em vez de julgar as atitudes das pessoas a seu respeito, olhe para seu coração. Talvez você esteja realmente cheio de coisas remexidas, esburacadas e precise se organizar para poder receber melhor o que vem dos outros — até mesmo a ofensa. Se você está à flor da pele com tudo que qualquer pessoa faz e fala, cuidado. Aprenda a escutar seus próprios sinais, pois é por falta de autoanálise que muita gente perde as pessoas que gostaria de ter por perto no processo de cura.

A proposta da música é esta: uns ajudarem os outros a curar o coração ferido. Se você não baixar a guarda e deixar a ficha cair logo,[10] vai chegar uma hora que não vai ter mais ninguém para propor:

> Se seu coração tem buraquinhos
> juntas poderemos ajudar
> Nós vamos curá-lo com carinho
> e com muito amor
> ele vai sarar.

Indico a você, então, três atitudes. Primeira, pare e reflita sobre como tem sido o impacto e o sentimento

---

10   N. do E.: "Deixar a ficha cair logo" faz uma alusão ao período em que, ao usar telefones públicos, precisava-se de uma ficha — parecida com uma moeda, mas com ranhuras específicas para ativar o aparelho —, que caía quando a ligação completava. Significa, então: "permitir que a mensagem seja adequadamente recebida; entender".

gerado pelo que as pessoas falam ou fazem sobre você. Em seguida, procure ajuda de pessoas que possam ajudar e ouvir você com sinceridade e sensibilidade. Finalmente, não ataque os outros sem antes olhar para seu coraçãozinho.

Lembre-se: todos temos partes desoladas em nosso íntimo. Mas Deus nos chama pra estar diante dele com nosso coração por inteiro. Até as partes com buraquinhos. E, como na canção, o processo de cura passa por comunhão, pertencimento e comunidade. Coloque-se na presença de pessoas que lancem palavras não só de verdade, mas de cura e esperança para sua alma.

Gosto muito de lembrar que não há nada em nós que seja novidade ou que possa assustar ou pegar Deus de surpresa. Se seu coração tem buraquinhos, derrame-se na presença Dele que sara.

E, é claro, mesmo ainda em recuperação, seja também uma pessoa bondosa e acolhedora para os outros. Todos temos corações esburacados e precisamos desesperadamente de misericórdia e graça.

Onisciência

RAQUEL ARAÚJO

Felipe sempre dormiu muito bem. Fica aqui minha gratidão pública ao Senhor pela bênção alcançada desde que ele nasceu. Apesar disso, nas noites em que algum dente está nascendo, ele se mexe o tempo todo enquanto dorme. Acho que ele sonha que está em uma missão com o Homem Aranha ou vivendo qualquer coisa mais interessante do que sentir o desconforto de uma gengiva rasgando.

Em uma dessas noites, enquanto ele se mexia, bateu a cabeça na lateral do berço. Deu pra ouvir a pancada pela babá eletrônica. Foi forte. Ele se assustou e chorou, claro. Quando o peguei no colo, falei o que sempre falo: "Mamãe sabe que está doendo, neném, mamãe sabe."

Naquela noite, em especial, um pensamento me veio: "Eu sei agora. Eu consigo falar assim quando ele está em uma crise de bronquite, quando ele cai, ou quando está fazendo birra. Consigo falar agora que ele está aqui, buscando sua autonomia, mas totalmente dependente de mim e do pai dele. Como vai ser quando ele crescer e estiver enfrentando dores que eu não vou ter ideia de que estão lá? Quando ele passar por vales silenciosos e não derramar uma lágrima, apesar dos conflitos serem grandes?"

Lembrei-me que, mesmo hoje, às vezes o choro é repentino e eu falo: "Calma, filho, mamãe não está sabendo o que é", enquanto ligo para minha mãe tentar resolver para mim — a vida é mesmo um ciclo. Mas o desespero continuava ali. Eu sabia que minha gerência sobre as dores de Felipe tinha prazo de validade. Chegaria o dia que meu filho iria sofrer sem que eu soubesse ou estivesse por perto.

E aí, em meio a tantas certezas da minha inca-pacidade, no meio das ondas de ansiedade que me atropelaram em segundos, me veio ao coração o que eu precisava ouvir. Na minha breve caverna das dúvidas, fui inundada com o sussurro suave, com a brisa, com a Presença, que me dizia: "O Pai sabe. O Pai sempre sabe."

Felipe e eu dormimos em paz.

Desistência e suficiência

RAQUEL ARAÚJO

Para quem não sabe, presentes são a linguagem de amor predominante na minha família, tanto dar como receber. Meus pais são assim e nos criaram assim. Nada intencional, é como é.

Por isso, no último Dia das Crianças, minha mãe estava agoniada porque ainda não tinha dado nada para Felipe. Eu, adulta pagante de boletos que sei que essa linguagem de amor não sai das mais baratas, disse: "Que é isso, mãe, não precisa."

Claro, foi a mesma coisa que nada. Ela deu um jeito de nos encontrar num shopping para resolvermos essa questão. Deixei Felipe com ela em uma loja de brinquedos, enquanto Douglas e eu procurávamos um brinquedo que ele fosse gostar e estivesse "precisando". Quando cheguei com as opções, ela disse: "Vou levar isso aqui, ele amou".

Era uma ambulância. Ele nunca tinha se interessado por uma. Mas, de repente, ele estava apaixonado pela sirene. Luz e barulho, óbvio. Ambulância comprada, e o menino não largava mais. A vovó "Mima" que tinha dado, era especial demais.

Até que, um dia, deparo com Felipe muito concentrado no brinquedo. Ele estava sério, focado, desafiado. Ele queria porque queria entrar na ambulância e não ia parar enquanto não conseguisse.

Só que a porta traseira do carro mede cerca de cinco centímetros, e o brinquedo todo deve ter entre dez e quinze centímetros de comprimento total (sou péssima com medidas, mas, acreditem, não deve ser muito diferente disso). Seria impossível Felipe realizar tal façanha. Não cabia, nem nunca coube. Ali, ele precisou aprender e aceitar que a ambulância era pequena demais para ele, e ele, grande demais para ela.

Ele também aprendeu que essa diferença de tamanho não faz a ambulância inútil ou desprezível. Ela continua tendo valor e sendo útil para brincar: a sirene continuava em alto e bom som; as rodas ainda tracionavam e faziam o carro correr longe. Só não dava para ele entrar nela.

Assim, ele aprendeu, acima de tudo, a estar satisfeito. O que ele tinha era suficiente. Desistir de entrar na ambulância era reconhecer que ele já tinha o essencial. Era na medida. Era do que ele precisava. E a brincadeira pôde continuar.

Antes de tudo, ouça

DÉBORA OTONI

Tornar-me mãe me ensinou muita coisa sobre mim. Também me ensinou muita coisa sobre Deus. Toda vez que corrijo as crianças, dou risadas internas, porque Deus também puxa as minhas orelhas exatamente em relação ao que cobrei de Joaquim, Isabel e Cecília minutos antes.

"Você não me ouviu?" é uma pergunta clássica da maternidade. E toda vez que a pronuncio, lembro-me que eu também, antes de tudo, preciso ouvir. Isso me faz recordar de manter acesas na mente todas as instruções divinas que já sei ou já escutei. A gente tropeça, se desespera e se angustia porque esquece. Muito daquilo de que precisamos hoje já foi dito ontem e ensinado anteriormente, mas, desatentos, nos esquecemos. Talvez agíssemos com mais sabedoria e falássemos com mais mansidão se lembrássemos do que o Senhor já nos avisou, já falou, já apontou, já mostrou.

Se todo ser humano precisa de uma mãe, o motivo deve ser esse. Mães são repetitivas e sempre têm o que falar, para onde apontar ou direcionar. Elas sempre exigem, organizam, ordenam. De certa forma, Deus é como uma mãe.

Eu quero que meus filhos cresçam e sejam reconhecidos principalmente por sua bondade e generosidade. Que saibam como e quando falar. Gente que fala demais (principalmente os que falam de si demais e fora de hora demais) pesa a vida e os ambientes. Quero que Joaquim, Isabel e Cecília cheguem nos lugares sempre com mãos cheias, presenteando as pessoas e enchendo os espaços. Eu sonho com a autonomia deles, que eles saibam se virar e me solicitem quando necessário, mas que, pelo menos, tentem primeiro. Eu que sou uma mãe meia-boca, e desse lado de cá da eternidade, desejo isso tudo e me esforço para imprimir isso tudo neles, imagina o que Deus não fará para que seus filhos e filhas se tornem como ele "imaginou" que fossem – a sua imagem, a sua semelhança.

Deus já falou o que e como você deve fazer, e já proveu tudo do que você precisa para caminhar hoje. Ouça suas palavras de amor, mas não se torne insensível aos puxões de orelha também. Continue! O ir faz o caminho.

Não se combate a tirania sendo tirânico também

DÉBORA OTONI

"Mãe, faraó mandou matar os meninos, mas ele era menino também", disse Joaquim, indignado, enquanto voltávamos da igreja um dia. Decidi responder a ele assim:

"Meu filho, você ainda é muito novo, mas já percebeu que todo tirânico e toda tirania padecem de um mesmo problema — além de todos os demais —: inteligência. Eles enfraquecem e caem diante da falta de sabedoria. A falta de noção de si mesmo e dos absurdos pelos quais agem os levam a hipocrisias incríveis, pois não veem o que o próprio espelho mostra – também são falhos, humanos, finitos. Tiranos têm certeza de que o problema é e está sempre no outro; a culpa nunca está do seu lado da vida.

Tiranos banalizam a vida humana e acham que quem ousa pensar ou agir diferente não é digno de respirar e ter vida. Possuídos pelo medo, temem perder o controle, o poder. Como consequência, dominados por esse sentimento, acabam perdendo o que eles mais queriam ter: controle. Falam sem pensar, agem sem refletir, e sem perceber, se tornam também escravos daquilo que creem e dos seus sentimentos vis. Domínio-próprio é virtude dos fracos, pensam eles.

Filho, o amor liberta o ser humano para que ele escreva a sua própria história regida pela compaixão e graça recebidas do Eterno. Os homens e as mulheres que recebem desse amor tomam suas cruzes diariamente e não temem tiranias, mas vivem apesar delas. Não ferem a existência dos demais nem tentam controlar ninguém; ao contrário, servem a todos com humildade e carinho.

Filho, quando os tirânicos aparecerem, segure-se firme no que Deus já disse e prometeu. Sirva e ame como nunca. Atravesse fronteiras e, quando preciso, mude de ideia também. A terra é dos mansos, e os que se humilham serão exaltados. Se você encontrar uma sarça em chamas, atenda o chamado, liberte seu povo com o que já tem nas mãos. Não tenha medo! Não deixe que a tirania roube a sua esperança e o seu coração. Lembre-se de que a graça é multiforme e que o único detentor de toda verdade é a própria Verdade, e ele habita em nós e em muitos outros, ele se revela a todos e por meio de quem e do que quiser. Tenha ouvidos para ouvir e uma mesa sempre posta, estendida, farta e acolhedora; que sua vida alimente e liberte muitos."

Bem, não me lembro se disse tudo isso no calor do momento. Mas, revisitando essa cena, foi tudo o que queria ter dito. E registro aqui para um dia poder dizer por inteiro. Mas, no dia a dia, fico com a simplicidade do: "não desça no nível dos tiranos, você pode fazer melhor do que isso...".

Impressão estranha

DÉBORA OTONI

De vez em sempre, quando estou corrigindo minhas crianças, ao falar ou gritar — porque, às vezes, é grito que sai, já que não sou uma mãe completamente calma, positiva e perfeita —, tenho a impressão de que Deus está lá do céu dando gargalhada de mim. Não, ele não está me recriminando, mas apenas rindo e dizendo: "Era exatamente isso que eu queria que você entendesse"! Pode ser só uma maluquice minha, mas tem motivo de existir e você vai entender.

Isabel, minha do meio, quando tinha pouco mais de 2 anos de idade, estava com a mania de fazer algo errado e se entregar, em um certo tipo de tentativa de culpar algo ou alguém. Nós a chamávamos para conversar, e ela começava a pedir desculpas desesperadamente: "Está bem, Bel, deixa só a mamãe conversar com você...". Eu falava algumas coisas, explicava, desenhava a situação, tentava dar aquela lição de moral, e ela começava a falar repetidamente: "Te amo, *tá*, mãe?!".

Espantosamente, na mesma idade de quando Bebel agia assim, agora Cecília vive soltando: "Eu te amo", "Você é a minha melhor amiga" e, também, a pérola: "Você é a mãe do mundo" (querendo dizer "Você é a melhor mãe do mundo"); tudo isso em momentos oportunos. Suspeitas...

Veja só, quem conhece Isabel e Cecília sabe que esse "te amo" está friamente calculado e nasce da esperteza exagerada das meninas à frente de seu tempo que elas são. Certa vez, eu disse: "Eu sei que você me ama, não precisa ficar repetindo. Eu quero que você obedeça!" Foi isso que eu disse que fez Deus começar a dar risada!

Não sei qual e como é sua relação com Deus, mas, na minha concepção, teologia e crença, se não for para ele estar em tudo, não é real. Então, sim, ele cabe em tudo que é gigantesco e minúsculo, no extraordinário e no comum da minha vida.

Retomando a cena do "te amo!", situações iguais continuam a acontecer, e eu continuo a falar a mesma coisa até ela entender que somente se fazer de fofa não resolve. Acredito no amor dela? Claro! Entretanto, quero ensiná-la que quem ama vai dar um passo além. Hoje eu ensino a Ceci que quem ama obedece e respeita também.

Sempre estico a corda do aprendizado das crianças, pois entendo e creio que elas aprendem. A obediência aqui não é uma obrigação pesada, um martírio, uma atitude de subjugar o outro; em vez disso, está relacionada com atenção ao que está sendo sugerido e dito, de forma a entender que é o melhor para elas, para o fluxo das coisas, da casa, da vida em família, da saúde. "Eu te amo" envolve andar quilômetros adicionais, respeitar os limites e limitações, cooperar para que todos tenham liberdade, autonomia e crescimento.

Eu sugiro que nessa jornada de educar e plantar boas sementes nos corações desses seres espertinhos que temos, você faça como Deus e eu: ria, de gargalhadas. Estou falando sério, Deus tem um ótimo senso de humor e também gosta de se divertir enquanto a gente aprende com Ele, que é o melhor pai de todos.

A lágrima é salgada — Parte I

DÉBORA OTONI

"Mãe, o choro é salgado!", anunciou Joaquim enquanto voltávamos para casa depois de seis dias na casa dos meus pais, em outro estado. A despedida nunca é fácil. Isso se passou em meados de 2018 quando ainda morávamos em São Paulo e meus pais em Vila Velha (ES). Como sempre morei longe dos meus avós, eu mesma já tinha feito dessas cenas de choro (talvez até pequenos escândalos) ao me despedir deles. Uma vez que a vida é um ciclo sem fim, ali estava eu no papel de mãe, agora, me vendo em meu filho que chorava ao se separar dos avós para voltar à vida normal.

Joaquim chorava e tinha sua catarse ao mesmo tempo que eu tentava administrar a disputa pelo assento da janela na fileira 31 de um voo lotado. A disputa foi interrompida pela aeromoça várias vezes; ela me ordenava voltar meu assento para a posição correta. Contudo, o assento estava quebrado e não havia nada que eu pudesse fazer. Tive, então, de segurar meu corpo em uma posição desconfortável durante uma hora e vinte minutos. E foi o que fiz. Houve choro, confusão e uma coluna torta.

Joaquim é emotivo e sensível, e, assim que ele descobriu que a lágrima tinha um sabor, seu rosto se iluminou de novo ao discorrer sobre sua nova descoberta: "O choro tem gosto de água do mar. A lágrima é salgada". Até algo aparentemente ruim pode nos remeter a algo muito bom.

No meio de toda essa confusão e conclusão sobre as lágrimas, aconteceu de novo: tive um *insight* divino. E sorri. Muitas vezes buscamos meios, caminhos, formas de tornar a vida mais fácil. Acho até que a busca pela felicidade é confundida de tempo em tempo com a busca pela facilidade. Procuramos o que (ou quem) pode tornar a vida mais tolerável. Queremos o topo da montanha sem passar pelas trilhas inexploradas ou pelos caminhos cheios de obstáculos. Nosso alvo é sempre "chegar lá" o mais rápido e ilesos possível.

Acontece que, quando é fácil demais, torna-se sem graça, sem gosto, sem sal. A vida precisa ser temperada, e o que dá sabor ao caminhar, na maioria das vezes, são as lágrimas. De repente, chorar é constatar que se está vivo e progredindo. Você anda, você bate o pé, você chora. Suor corre na sua pele, VIDA corre nas suas veias. Dói porque você está vivo e é sensível. As dificuldades não mataram nem endureceram você o suficiente.

Precisamos parar de procurar essa facilidade ilusória e começar a olhar o que ou quem pode nos inspirar e nos fazer passar por essa travessia, muitas vezes tida como insuportável. A vida é dura, sim, mas ali no meio do suor e do choro nos recompomos para dar mais passos. Ali escolhemos focar no que importa, escolhemos nossas guerras. Somente quem chora pode ser consolado. Apenas quem suou bastante pode sentir alívio ao abrir uma ducha gelada! Só quem cai e levanta tem misericórdia e coragem para ajudar a levantar quem caiu também.

Então, recolha seus cacos, levante-se, sacuda a poeira e dê a volta por cima, meia-volta, volta e meia e vamos lá! Não importa o caminho que você precise percorrer, lembre-se que há graça — força e ânimo — disponível na e para a jornada. "Neste mundo, vocês terão aflições; contudo, tenham coragem! Eu venci o mundo" (João 16:33), anunciou Jesus enquanto dava instruções finais aos discípulos. Ele lembra que muitas pessoas querem o filho (progresso), mas não querem a dor do parto (processo). Na verdade, Cristo pede para que esta seja a nossa imagem mental quando a vida apertar: algo novo está para nascer, mas, para nascer, vai doer; a dor não tira o sabor. O que vem no final é uma alegria incomparável e duradoura, mesmo em meio às lagrimas.

A razão de o ser humano existir não é encontrar felicidade nem facilidade. Vivemos para caminhar, aprender, evoluir, amar, servir. Nossa luta faz a alegria, nossa dor faz a leveza. E assim vamos caminhando, plantando, chorando, colhendo — e o ciclo se repete.

A lágrima é salgada — Parte II

DÉBORA OTONI

"Mãe, é normal o coração da gente doer?", foi com essa pergunta que Joaquim me deu "bom-dia" certa vez. No dia anterior, havíamos nos despedido da nossa querida Delzinha. Ela trabalhava na casa dos meus pais há muito tempo e tinha um carinho e cuidado especial com as minhas crianças.

Era noite de sábado, recebi a notícia de que a Del tinha descansado. Ela tinha ficado mais de dois meses nos tratamentos intensivo e semi-intensivo, lutava contra uma infecção e outras mazelas. O remédio ou tratamento para resolver uma condição piorava outra. Assim passaram esses meses todos até que no sábado, 20 de outubro de 2018, ela deu o último suspiro.

Quando minha mãe avisou, respirei fundo. As crianças estavam acordadas vendo filme. Marcos estava com um amigo gravando uma canção. Eu não sabia se o interrompia nem o que fazia. Coloquei uma caneca com água para ferver, precisava de café. Enquanto eu preparava o pó para coar, tive dificuldade para respirar. Coloquei as mãos no joelho e me curvei um pouco. Puxei o ar com muita força e chorei. Foi um choro rápido. Logo me recompus e agradeci a Deus por todo o tempo que tivemos com a Del, agradeci por sua vida, por tudo que ela fez por nós, por tudo o que passamos com ela; agradeci. Avisei uma amiga, que me ofereceu palavras de consolo. Tentei resolver como e quando ir a Vila Velha e saber onde seria o enterro.

Liguei para as meninas da agência de viagens, consegui um voo que saía no domingo pela manhã bem cedo e voltava no mesmo dia à noite. Nesse momento, tive de interromper Marcos, dar a notícia, falar que viajaria e deixaria as crianças com ele. Tudo certo, passagens compradas, respirei fundo novamente, tomei meu café, comi minha rabanada, lembrei que tinha um vinho guardado...

Antes de dormir, tomei um banho demorado, com muito choro e água quente. Duas taças de vinho depois, consegui dormir. Combinei com Marcos que sairia às 6h30 do domingo, e que ele falaria para as crianças que tinha de resolver algo na rua ou daria qualquer outra desculpa plausível.

Às 19h10, depois de muitas emoções, lágrimas e risadas — porque sentimos tudo ao mesmo tempo —; peguei o voo para voltar para casa. Resolvi dormir, porque o dia fora intenso. Queria ler e tinha levado um livro na mochila, mas estava exausta, meus olhos ardiam. Eu me dei o direito de me sentar e dormir, perdi até o pão quente do lanchinho do voo. Às 21h15 pousamos. Desembarquei, comprei bala para as crianças e fui encontrar todos na saída do aeroporto.

Elas ainda não sabiam de nada. Entrei no carro com balas e chocolates para todos. Joaquim insistentemente queria saber onde eu estava, o que eu tinha feito o dia todo: "Mãe, já sei, você ficou no aeroporto comprando nossa passagem". No caminho de Guarulhos até nossa casa, de vez em quando, a pergunta aparecia outra vez, e eu me esquivava dela. Enquanto isso, eu contava para Marcos, disfarçadamente, algumas eventualidades do dia.

Chegamos em casa. Pedi a pizza, como manda a regra. Depois, pedi às crianças que me esperassem na minha cama, pois logo iria lá contar sobre o meu dia. Chegada a hora, falei que tinha ido a Vila Velha, que tia Del estava muito doente e não resistiu. Joaquim já estava com os olhos cheios de água, e Isabel quieta, pensativa. Contei que fui ao enterro me despedir da nossa Delzinha. Disse que, apesar de eles não terem ido, eu tinha levado nosso cordãozinho e colocado na mão dela, para que ela "lembrasse" sempre de nós.

Joaquim chorou. Isabel continuou parada, pensativa. Abracei os dois. Joaquim chorava bastante. Falei que não havia problemas em chorar, sentir tristeza e saudade, porque iríamos sentir falta dela mesmo. Joaquim se levantou e saiu do quarto. Eu me certifiquei de que Isabel estava bem e fui atrás dele.

Jo estava na sala, no sofá. Pegou todos os álbuns de fotos e começou a procurar uma foto de Del, ainda chorando. Marcos foi falar com ele e achou uma foto do batizado dele. Del segurava Joaquim no colo logo depois do batismo. Ele foi para o quarto, eu fui até lá e me sentei na cama com ele. Ele me abraçou, ainda chorando: "Mãe, como vou viver com saudade da tia Del?", foi a pergunta que veio forte. Nesse momento, eu também chorei e falei que vamos sentir saudade, tristeza, falta, e que agora era um dia de cada vez, com lembrança das coisas legais que vivemos com a Del. Entre o choro e resposta, também veio: "eu nunca vou ver ninguém enterrar?", o que me fez querer rir. Acho que ele quis dizer que nunca tinha ido a um funeral, sei lá. Não ri, é claro, mas disse: "Vai, sim, filho, fica tranquilo...". Mal sabe ele que não é algo bom de se vivenciar.

Eu o acalmei um pouco e fui tomar um banho. No meio de tantas emoções, eu precisava de um respiro. Quando passei no meu quarto para entrar no banheiro, Isabel disse em disparada: "Mãe, já orei pela tia Del, *tá*?!" Isabel resolve seus lutos sem choro e sem muitas perguntas instantâneas. Ela vai desembrulhando o sentimento e o sentido nos dias seguintes.

Depois do banho e da pizza, eu me deitei com Joaquim para ver um filme. Não sei quem dormiu primeiro. Sei apenas que, na manhã seguinte, ele acordou perguntando se o coração doía quando essas coisas acontecem. "É, sim, filho, tudo dói."

Nessas horas, descobrimos nossa força de novo, redescobrimos a nós mesmos e descobrimos a fé, a esperança e o amor. Nós nos lembramos e relembramos de muitas situações. E, principalmente, aprendemos a contar nossos dias, que são poucos, e a chorar nos dias de chorar, a rir e celebrar nos dias alegres. Em tempos como esse, reaprendemos a viver um dia de cada vez.

Não seria possível resolver a dor do meu filho, mas eu aprendi que, nos momentos de perda, devemos dar as mãos para a saudade e convidá-la para dançar e caminhar conosco. Não tenho resposta para todas as perguntas e para todos os porquês, mas sei que, enquanto caminhamos no caminho desta vida, a alegria é misturada com a dor, tudo é "por enquanto", a vida é breve e o tempo vai passar.

Foi bom poder ensinar que o coração dói, a lágrima escorre, a falta de alguém nos tira o ar, a saudade nos assombra. Foi bom poder ser de verdade com eles e ensiná-los a serem mais humanos. Foi bom lembrar de tantos dias lindos, divertidos e gostosos com a Del, que para sempre estará em nossa memória, nos álbuns de fotos e no coração.

Advento

RAQUEL ARAÚJO

Não sei quando comecei a amar o Natal. Dizer que é "desde sempre" provavelmente não seria exagero. Quando morávamos em Minas e no Rio, Natal era tempo de visitarmos Vila Velha para nos encontrarmos com os primos, tios e, principalmente, nossos avós maternos. Ficar na casa deles era mágico. Aquela casa era, aos nossos olhos, enorme, e tinha uma árvore de Natal que me enchia os olhos e a tão esperada lista de presentes do amigo oculto ficava colada na parede. Crescer não tirou o clima nem o sentido da época. O lugar da festa mudou, as viagens também, mas seguimos vivendo e criando natais preciosos e inesquecíveis.

Agora, com Felipe crescendo, queria que ele aprendesse e amasse a razão eterna do Natal. Queria que, desde pequeno, ele fosse familiarizado com o motivo por trás da festa. Por isso, no seu segundo Natal, comprei um calendário do advento. Como ele estava com 1 ano e 7 meses, imaginei que não daria para explicar muita coisa. Comprei algo para pôr em cada dia do calendário e deixei para ver como seria conforme fôssemos fazendo.

Nesse meio tempo, Douglas viajou a trabalho por um tempo maior que o comum. Doze dias fora de casa, pipocando pelo Brasil para encontrar os refugiados com os quais (e pelos quais) ele trabalhava. Ele já viajava antes, mas era sempre por quatro ou cinco dias. Não sabíamos como Felipe lidaria com dois dígitos de distância.

Nos primeiros dias, ele já começou a chamar por Douglas. Eles são muito amigos, é bonito de ver. Felipe logo sentiu falta. Douglas foi no dia 29 de novembro. Em 1º de dezembro, deixei o presentinho do calendário antes de Felipe acordar. Quando ele viu, quis logo mostrar para o pai. Então, aproveitei para mostrar para ele o dia que o pai realmente chegaria no calendário. Cada dia tinha um desenho natalino, e o dia da chegada de Douglas, dia 10, tinha uma estrela.

A partir desse momento, o dia da estrela passou a ser o dia mais esperado. Felipe começou a mostrar isso para as pessoas que vinham aqui em casa. Contava: "Papai avião" e "Papai estrela". O dia da chegada estava no horizonte.

Claro que, como mãe, ficar doze dias sozinha com Felipe foi um baita desafio. Além da ausência de Douglas, Felipe teve mais uma crise de bronquite e tive de lidar com a agitação que é peculiar do Prelone e do Aerolin. A primeira semana foi caos atrás de caos. O dia da estrela, porém, estava chegando.

Hoje, data em que estou escrevendo este texto, é dia 9. O dia 10 ainda não chegou. Falei com Douglas mais cedo, sei das reuniões que ele ainda tem hoje e do horário que ele vem para casa. Felipe não consegue acompanhar esses detalhes. Mas, mais cedo, ele viu no calendário que o dia da estrela, que antes estava tão distante, agora está perto.

O dia da estrela vai chegar para Felipe como o Natal chegou para a humanidade. Eu achava que Felipe não entenderia o advento, mas ele o viveu. Assim como seu pai, Cristo disse que viria. E veio.

A oração

RAQUEL ARAÚJO

Se você ainda não leu o texto chamado "Advento", que vem antes deste, comece por ele, pois a história que vou contar aconteceu no contexto daqueles dias.

Douglas estava viajando a trabalho e o caos se instaurou em nossa casa, pois Felipe entrou em mais uma de suas várias crises de bronquite. Quem passou por isso ou tem filho com essa condição sabe que os remédios tiram a gente do eixo.

Eu estava exausta. Da mesma forma que Felipe contava os dias para o pai chegar, eu também mal podia esperar por mais braços e pernas na função. Além do cansaço, a culpa que tenazmente nos assedia estava aqui: "Como deixei Felipe passar mal de novo? Por que não soube evitar mais uma crise? Por que estou cansada? Não deveria estar dando conta, inteira, feliz, descansada e com o cabelo penteado? Por que não estou lidando melhor com as birras e choros? Por que não estou alimentando melhor meu filho? Será que essa bronquite nunca vai passar?".

Nossa cabeça constrói perguntas sem fim. Cobranças sem lógica. Quando percebi, já estava afogada nos questionamentos sobre minha maternidade. E já era hora de acordar Felipe para levar para a escola. Não dava mais tempo de alimentar pensamento nenhum. Respirei fundo, forcei um sorriso para ver se o ânimo vinha junto. Subi a cortina e abri a janela. Falei o que sempre falo: "Quem é o neném que vai acordar?"

Felipe abriu os olhos e sorriu sem pressão nem pressa. Ele me olhava feliz: "Mamãe, te amo tudo", ele disse antes de qualquer outra coisa. No meio do caos, da falta de ar, dos remédios descontrolados, da mãe inadequada, aquela declaração de Felipe foi um vislumbre das misericórdias se renovando sobre minha casa naquela manhã.

De declaração que fazemos um para o outro, essa frase se tornou uma oração. No meio das minhas tempestades e dos dias mais difíceis, faço como Felipe, vejo que o Senhor está comigo. Posso sorrir e dizer: "Pai, te amo tudo". Nem sempre meu tudo vai ser o ideal, mas vai ser meu tudo.

Decido amar ao Senhor por completo. Somente assim meu amor por Felipe e seu amor por mim terão sentido.

Anunciação

RAQUEL ARAÚJO

Desde criança, meu maior sonho de maternidade é ser mãe por adoção. Ter crescido cercada de projetos sociais e missionários me ensinou a beleza de constituir e ser família para além dos meios biológicos.

Desde nova, entendi que adoção não é mais ou apenas um projeto social, ou sequer coisa de pessoas caridosas, iluminadas ou corajosas (todos adjetivos que costumo ouvir quando digo do nosso processo de adoção). Acredito que a adoção é mais uma via de gerar um filho, só que fora da barriga.

Mas o que realmente importa nessa história é que eu sempre soube que seria mãe por adoção. E esse era um assunto que eu sempre tocava quando via que estava em um relacionamento sério (na minha longa lista de dois relacionamentos antes de Douglas, meu marido). Ambas as vezes, antes de Douglas, as respostas sobre o tema não tinham sido das mais promissoras. Até que, quando fui falar disso com ele, ele foi franco: "Nunca pensei sobre o assunto, porque isso nunca foi conversa nas rodas que frequento. Mas quero saber mais e a gente vai seguir com esse sonho".

Confesso que não fui das melhores discipuladoras. O máximo que chegamos foi num acordo de termos um filho biológico e, depois, outro por adoção. O assunto ficou ali, resolvido, mas adormecido. Essas conversas aconteceram antes de nos casarmos, em 2016. Inclusive, solteiros, conversem sobre filhos antes de se casarem, vão por mim. Adianta o filme para 2019, quando já estávamos casados. O plano era tentar engravidar lá por abril. Nessa época, eu coordenava todos os projetos sociais da nossa igreja, Missão. Como parte do meu trabalho, eu implementava novos projetos em instituições da cidade; e estávamos começando um novo trabalho na Casa de Acolhimento Provisório de crianças até 12 anos da cidade. Desde que o projeto começou, Douglas só me acompanhou em uma reunião com a coordenadora da casa (ele trabalhava na igreja também, mas gerenciando todas as demais equipes e os voluntários).

Semanalmente, eu chegava do projeto falando "Douglas, você tem que ver tais crianças, são a nossa cara...". Geralmente bem como está escrito, no plural. E Douglas ria e dizia: "Qualquer dia desses, vou lá e a gente vê". Até que, um dia, percebi que eu estava insistindo demais e já estava cansada de criar expectativas que não estavam na hora de serem cumpridas. Tínhamos combinado de ser depois do filho biológico, lembra?

Foi então que fiz o que sabemos que devemos fazer — mas nem sempre nos lembramos de fazer. Orei: "Senhor, José se tornou pai adotivo de Jesus a partir de uma revelação tua. Na hora que for para

Douglas se tornar pai por adoção, revela-te a ele. Em teu nome oro. Amém".

Foi isso. Nada prolongado. Nem orei mais de um dia. Apenas uma única oração em uma noite de verão. Entreguei ao Pai e descansei, deixei esse assunto de lado.

Deus não deixou para lá.

Em algumas semanas, fizemos uma ação maior na Casa, e Douglas foi. Eu não fiquei junto com ele durante aquele dia, nem sequer tinha visto com qual das crianças ele estava brincando. No caminho de volta para a igreja, cada um dos voluntários foi contando suas experiências com as crianças; ele, não. Douglas estava quieto, olhando para o nada, reflexivo. Achei que era cansaço, pois ele não estava acostumado a passar tantas horas seguidas com tantas crianças.

Nos despedimos dos voluntários na igreja, entramos no carro para irmos embora. Antes de ligar o carro, Douglas começou a chorar e disse: "Encontrei nossa filha, e ela não pode dormir uma noite a mais fora de casa". Gelei. Respirei fundo. Eu, que tinha orado por esse encontro, mal podia acreditar que tinha acontecido. Expliquei, então, para ele como o processo legal funcionava[11] e que, por ser feriado,

---

11 Para mais informações, visite https://www.cnj.jus.br/programas-e-acoes/adocao/passo-a-passo-da-adocao/.

a gente não tinha o que fazer. Mas ele não se acalmou: nossa filha estava dormindo fora de casa.

Dois dias depois, com o fim do feriado, fomos ao juizado dar entrada no processo. Era real. Estava acontecendo. Quando chegamos lá, a assistente nos explicou de novo como o processo funciona. A criança, realmente, já estava para ser destituída e iria para adoção em alguns dias. Ela nos falou sobre a fila. Pais que deram entrada antes de nós e que tinham o perfil da criança seriam os primeiros a ser contactados, de forma justa e correta.

A boa notícia era que só três casais antes da gente aceitavam criança naquela idade. Então, não, não poderíamos ter toda esperança do mundo. Mas, sim, a chance era boa. Da data em que o processo se inicia até a família ser contactada, muito pode mudar e é relativamente comum a pessoa passar a vez dela. Nesse caso, o sistema jogaria nosso nome para ela.

Esperamos. Oramos. Contamos os dias. Ligamos semanalmente para o juizado atrás de notícias por um mês.

E a notícia veio: "Ela vai ser adotada pela família que já estava na fila."

Foi como se tivessem arrancado meu coração. Isso não era mais que o esperado. Era o processo. Estava tudo certo. Mas eu tinha orado. Pedi a Deus que se revelasse quando fosse a hora. Por que ele se revelou sem ser a hora? Por que nos deu tanta esperança se nos foi arrancado aquilo pelo que mais esperávamos?

Foi aí que aprendemos que ter filhos é ter flechas (cf. Salmos 127:4). O que tínhamos de melhor para dar a ela já tínhamos dado. Já havíamos lhe apresentado Jesus. Nossa filha, que foi "nossa" por tão pouco tempo (e mesmo sem nunca saber disso[12]), conheceu a Cristo e era hora de ela ser enviada a outra casa, para mostrar sobre Cristo.

A anunciação não estava errada. Douglas se tornou pai no sentido mais real e verdadeiro da palavra. Ela está onde Deus a enviou. E não há nada que nos faça mais felizes do que confiar que Deus continua no controle e no cuidado.

Quanto à adoção, seguimos na fila. A qualquer hora nosso telefone toca.

---

12 Por razões óbvias e legais, desde que entramos no processo, interrompemos nossa ida pessoal ao projeto, para não termos contato com a criança. Ela nunca soube da nossa intenção de adotá-la.

Jingle bells

RAQUEL ARAÚJO

O temor ao Senhor é um conceito que, por vezes, pode ser complicado de se explicar. É um respeito que se parece um pouco com medo, mas não é medo. É uma percepção e conscientização da grandeza divina que se contrapõe com nossa pequenez, mas não nos afasta. Ficamos estupefatos, por assim dizer. E é uma sensação que não deve (pelo menos não deveria) cair na normalidade. Não deveríamos ir nos acostumando e adormecendo diante disso. Cada vez que me deparo com a grandeza do Senhor, eu deveria ficar no mesmo estado de temor: boquiaberta e reverente por completo diante dele.

Como esperado, vamos a uma situação do meu jovem mancebo para ilustrar o que quero dizer.

Natal na nossa casa é uma festa que dura o máximo de tempo possível. Gosto de esticar o quanto consigo, para não cair na correria dos dias 24 e 25 de dezembro, que terminam tão logo jogamos os embrulhos de presente fora.

Monto a árvore cedo. Em 2022, dado o clima tenso no país, montei em 1º de novembro, para iluminar a casa de esperança. Além disso, comprei um calendário de advento, desses que a criança abre um presente (presentinho, né) por dia, do dia 1º ao dia 25 de dezembro, para construir o senso de expectativa e preparação para o dia que celebramos uma das maiores festas cristãs.

E, claro, passei o ano inteiro ensinando para Felipe o que é Natal. Ele sabe achar a história na sua Bíblia ilustrada e ama ver as ovelhas em volta do bebê Jesus. Sempre que ele me mostra a imagem, gosto de contar para ele uma versão minha de Isaías 9.2:

> O mundo estava escuro [e tampo os olhinhos dele], as pessoas estavam tristes e com medo... até que lá do céu, Deus disse: haja luz! E aí, lá na cidade de Belém, nasceu Jesus, a luz da nossa salvação! (v. 1-3, grifo na citação)

Com seus belos 1 ano e 6 meses, ele aprendeu a falar "Natal", "Jesus", "José", "Maria", "estrela", "ovelha", "cavalo" e, obviamente, "Papai Iel", conhecido pelos fluentes em português como Papai Noel. Nicolau, nosso irmão em Cristo e cristão perseguido, também está presente na decoração em nossa casa. Se você é contra, respira fundo e continue lendo, pois já vou amarrar tudo com o primeiro parágrafo, prometo.

Sendo Felipe meu filho, ele ama ir a todos os shoppings, ver todas as decorações de Natal e gritar por todos os Papais Noéis. É uma farra! Ele enche os olhos de brilho diante dos Natais mega produzidos, parece coisa de filme. Claro que chegamos perto do bom velhinho. Felipe nunca chorou, assustado, como vemos nos melhores memes de Natal. Ele fica pasmo! Para Felipe, o Papai Noel é uma representação tão grandiosa do Natal que estar ao lado dele é inacreditável.

A criança que tagarela da hora que acorda até a hora que vai dormir fica sem palavras. Ele não pisca, e a respiração fica profunda, mas nada disso o impede de se aproximar. Pelo contrário, é uma grandeza que atrai. Vai chegar o tempo que Felipe vai se acostumar com a ideia. Papai Noel vai perder a graça algum dia. Mas espero que ele nunca perca o maravilhamento pelo Natal e, principalmente, pelo Emanuel, tão singelo e frágil na manjedoura, e, ainda assim, repleto de toda grandeza. Que, como Felipe, vivamos nesse temor diante de Deus: atraídos, rendidos, maravilhados.

A Bíblia e seu fim

RAQUEL ARAÚJO

Felipe gosta de fechar livros somente para dizer *"Cabô"*, independentemente da história ou do que aconteça nas páginas. Quem me dera que na vida também fosse assim: que pudéssemos passar as páginas complicadas e acabar logo com certos dias ou semanas. Mas não é. Só conseguimos chegar ao final depois de passarmos por dias ruins — e bons também. O final, porém, sempre chega.

Entre os livros que o rapazinho mais gosta de folhear, claro, está sua Bíblia. Além de ir e voltar pelas páginas, ele gosta de nomear tudo que vê: leão, peixe, piu-piu, vaca, méé (este, em relação às ovelhas). Bíblias infantis têm um forte apelo para histórias com animais.

Existem só duas pessoas que ele nomeia em sua leitura: na história do Natal, depois de descobrir todos os animais do presépio, Felipe se volta para Jesus na manjedoura, e diz: "o Neném". E na última história, ao ver Jesus ressurreto subindo aos céus, Felipe só o chama de um único nome: "o Amém". Não fui eu quem o ensinou, então nem posso levar crédito por isso. Até insisto pra ele dizer "Jesus" ou "Papai do céu". Contudo, nessa cena tão poderosa, que nos aponta para a eternidade, o único nome de Cristo para Felipe é o que nos enche de segurança e certeza.

Posso, então, seguir nas páginas da minha vida rumo ao *"Cabô"*. O "Amém" está lá.

Deus abençoe as máquinas de lavar

RAQUEL ARAÚJO

Vira e mexe, eu ficava suja por causa de Felipe. Era xixi que escapava na época do desfralde. Era comida que ele espalhava nas refeições. Eram vômitos e diarreias de virose. Tudo isso acabava em cima de mim, nas minhas roupas e em todo lugar. Numa situação dessas, eu fiquei muito chateada (eu geralmente ficava *só* chateada, mas aquele dia foi demais). A gente estava na rua e eu, mais uma vez, fiquei com a roupa fedendo a xixi de menino (o desfralde teve seus desafios, mas eu venci).

Eu me lembrei de um post que minha irmã (a Débora, que vocês leem aqui também) e uma amiga compartilharam sem saber da minha chateação: "quando seu filho erra feio, ele corre de você ou pra você?" Minha chateação, então, deu as mãos para a gratidão, até porque não há como a chateação ir embora 100% quando estamos com esse cheiro. Mas, em meio ao meu incômodo, consegui ver outra perspectiva e dar espaço para outras emoções.

Eu sou o abraço para o qual Felipe corre quando está no seu pior estado. Sua sujeira não o afasta de mim.

Ele não precisa se esconder de vergonha. Ele me suja porque é seguro me sujar. Seus piores cheiros ficam em mim, e ele fica comigo.

Eu posso me lambuzar das imperfeições de Felipe, porque Cristo fez isso por mim. Ele me viu afundada na minha sujeira e se fez como eu, para que eu pudesse correr para ele. Agarrada a Jesus, fui limpa e restaurada. Hoje sou perfume.

Que coisa boa é carregar as sujeiras de Felipe. Até porque, depois, é só a gente jogar as roupas sujas na máquina de lavar e o coração, sempre, em Cristo.

O velocista

RAQUEL ARAÚJO

Das várias coisas interessantes em ver nossos filhos crescerem, há uma que adoro: observar de perto enquanto Felipe descobre aquilo de que ele gosta e aquilo em que ele é bom. Nem sempre essas duas categorias se encontram. Eu, por exemplo, amo cantar, o que não significa que eu seja boa (realmente não sou, mas pode ser apenas que eu tenha um novo timbre ainda não descoberto).

Às vezes, essas duas listas se alinham e descobrimos aquilo que amamos e o que realizamos muito bem. Felipe tem uma: ele ama correr, e ele corre muito, muito rápido. Ele já quase derrubou algumas professoras na rampa da saída da escola, porque não acompanharam seu ritmo. Ele já é conhecido pelos seguranças do shopping aqui perto de casa. "Vieram correr hoje, né?", eles dizem.

Nessa pista de atletismo que se tornou minha vida, tenho uma nova frase que repito todos os dias, várias vezes, porque vai sempre acontecer a mesma coisa, e eu vou sempre ter que dizer a mesma coisa: "FELIPE, OLHA PRA FRENTE!" Meu filho, além de ser corredor, quer explorar o mundo enquanto corre. Ao mesmo tempo que ele está a toda velocidade, ele quer falar com as pessoas, ver os carros, descobrir as plantas e todos os eteceteras que couberem aqui. Nisso, ele perde de vista as quinas, as paredes, as portas de vidro, as portas de madeira — e coloque mais eteceteras aqui de novo.

Enquanto escrevo esta história específica, ele está com dois anos. Os tais dos dois anos. Eu sei que muita coisa é esperada para a idade, a exploração e a velocidade estão incluídas. Não posso deixar de ensinar o que ele precisa saber: na hora de correr, tem de estar olhando para onde vai.

O mundo é cheio de opção, oportunidade, estímulo e chance. Muita coisa disputa nossa atenção o tempo todo. Há muita pressão interna e externa para decidirmos o que queremos, além das pressões para a gente não decidir por nada e ser tudo ao mesmo tempo (não seria isso uma decisão em si?). Com isso, saímos correndo como Felipe, olhando para todos os lados e querendo dar conta de tudo ao mesmo tempo. Esbarramos em todos os cantos, tropeçamos em qualquer percalço, saímos exauridos e, por vezes, machucados. E, pior, perdemos o principal. Correr olhando para tudo nos faz chegar a lugar nenhum.

Que nossa respiração se acalme e nossos passos se firmem. Quando seguimos olhando para Aquele que é nosso foco principal, podemos caminhar seguros e correr sem medo.

O sorvete

RAQUEL ARAÚJO

Aqui em casa, a gente ama Bluey (não vou dizer que eu amo mais que todos, só para não me expor). De tantos episódios que já chorei assistindo, um foi especial (eu falo isso para todos): o episódio do sorvete.

As irmãs Bluey e Bingo estavam tomando o sorvete que insistiram para ganhar. Quando uma quis provar o sorvete da outra, começaram a brigar sobre como isso seria feito. A confusão demorou muito para ser resolvida e os sorvetes derreteram. Claro, elas pediram outro sorvete ao pai, mas ele negou.

"E a gente vai ficar sem nada?", elas perguntaram, ao que o pai respondeu: "Vão ficar com uma bela lição". Até aí eu estava rindo, porque, claro, era o que eu falaria para o Felipe. Quando Bluey respondeu de volta, porém, eu me vi ali: "Eu não quero lição, quero meu sorvete".

Precisei respirar fundo. Foi como um espelho descortinado diante de mim. Quantas e quantas vezes eu respondi isso para Deus. Sempre foi essa a minha resposta padrão em todas as minhas dores. Eu não queria lições. Não queria aquele papo de "Sua dor vai abençoar os outros". Muito menos a clássica "Na hora certa, você vai entender." Só queria meus sorvetes, fossem eles filhos, relacionamento, sucesso profissional, ou o que fosse.

Só que o desenho continuou, e a conversa de Bandit (o pai) com as meninas também. Diante da situação, ele entregou seu próprio sorvete para elas. E elas, diante da entrega do pai, aprendem a dividir sem brigar. Não suportei!

Em todas as minhas dores (e birras), foi assim que o Bom Pai fez. Ele não me forçou a aprender lições. Não exigiu que eu ficasse bem até ser a hora certa de entender o sofrimento. Antes que eu fosse capaz de qualquer coisa, ele entregou tudo o que tinha por mim, ele se deu por inteiro.

Como disse o apóstolo Paulo, "Aquele que não poupou o seu próprio Filho, mas o entregou por todos nós, como não nos dará graciosamente com ele todas as coisas?" (Romanos 8:32). E só diante desse amor todas as coisas — dos pedidos grandes aos sorvetes — ganham sentido.

Amém.

A mochila verde

RAQUEL ARAÚJO

Era uma sexta-feira quando a mochila de Felipe levar para a escola rasgou de um jeito que não tinha conserto. Como havia final de semana em seguida, fiquei preocupada de que, se comprasse pela internet, poderia não chegar em tempo para a aula da segunda. Então, fomos ao shopping na sexta à noite.

Antes de sair da garagem, oramos. A gente faz isso todas as manhãs, a noite não é comum. Mas, naquela noite, senti que era o que devia ser feito. E mais, temos tentado ensinar Felipe a orar por coisas simples, como comprar uma mochila. Ele orou e pediu uma mochila verde. Os pais pediram por um preço bacana, óbvio. E partimos.

Tudo deu errado. Em nenhuma loja havia qualquer sinal de mochila no preço ou tamanho que precisávamos. Já estávamos os três cansados. Tínhamos nos esquecido da oração havia tempo.

No caminho para o carro, tendo desistido da empreitada, tentamos na última loja. Mais uma vez, nada. Até que a vendedora se lembra: "Ah, tenho um modelo mais simples aqui, não está nem exposto, veja se serve para vocês". Era ela: a mochila do tamanho certo, no preço ideal. E verde.

Quantas vezes já deixei de orar porque achava que o assunto era muito *blasé* para o Senhor. Era como se fosse um incômodo chegar perto do Mestre com meus pedidos infantis; como se a grandeza de Deus se ofendesse com meus pedidos tão banais.

Acontece que Deus se importa com nossas questões corriqueiras. Ele ama quando a gente permite que ele se envolva nos contextos mais simples. Ele nos convida a chegar mais perto quando somos como crianças, podemos pedir sem vergonha e confiar sem reserva.

Quando a gente menos espera, ele faz o milagre da mochila verde aparecer.

A árvore torta

DÉBORA OTONI

Estávamos de férias em Belo Horizonte, Marcos, as crianças todas e eu. Passeia e come. Revê os amigos, aprecia Minas Gerais. Fomos parar no Zoológico desconstruído da cidade, para não dizer abandonado ou *destroyed*. Apesar da pequena grande furada em busca de ver um leão, vimos coisas interessantíssimas.

Andando e andando, procurando os bichos interessantes, vimos uma árvore no caminho. Ela não estava na posição certa, mas estava ali no caminho, sendo árvore. Enraizada na terra, respeitando seu plantio.

"Mãe, olha a árvore torta!", de repente estávamos ali tirando milhões de fotos e observando as curvas tortas e tronchas daquele tronco. A flexibilidade e a nova forma não tiraram o lugar e a identidade daquela árvore. Ela pode não servir para dar sombra ou fruto, mas certamente tem seu lugar, sua beleza, sua razão de ser e existir ali, no meio daquele caminho. E ficou de um jeitinho que parece até que foi de propósito.

Talvez ela tenha entortado por causa do vento, do tempo, da falta de cuidado. Talvez seja típico da espécie dela ser envergada, ou, ainda, pode ser que alguém tenha se pendurado nela. Não sei qual é a história por trás daquela curvatura toda. Só sei que ela prendeu o nosso olhar.

Ela fazia um túnel divertido em um zoológico tão sem graça e lhe trazia beleza. Passamos por ela e não pudemos deixar de perceber, de reparar. Talvez se fosse mais uma árvore certinha, retinha, nós nem teríamos ligado tanto.

Talvez essa árvore tenha precisado envergar para não quebrar e daí então morrer de vez. Talvez bem-aventurados sejam os que dançam com os ventos, se moldam com os pesos e as chuvas. Bem-aventurados os flexíveis porque não se quebrarão!

Não é porque as pessoas deixaram de ser o que/quem você pensou que elas deveriam ser que não tenha algo de bom e belo para aparecer por meio delas. Não saia por aí arrancando árvores tortas só porque não estão dentro do padrão. Nem as árvores nem as pessoas estão sob seu controle.

Treine os olhos para achar beleza na jornada. Releve. Nem todo mundo vai ser, responder e te dar o que (ou como) gostaria. A escolha de ser pleno, apesar de torto às vezes, é sua. Seja gente boa com as curvaturas dos outros. Seja sensível e cuide do seu coração. Invista na sua flexibilidade porque o vento vem, a chuva cai. Mas quem está enraizado segue plantado, embelezando o mundo e o caminho de quem passa.

Um clássico é um clássico

DÉBORA OTONI

Um clássico é sempre um clássico. Rico em memórias afetivas e em lições que vimos, mas não percebemos. Um dia desses, Cecília quis assistir "O Rei Leão" e requisitou minha presença no recinto para tal. Algumas vezes, eu cedo mais facilmente ao pedido de "perder meu precioso tempo" para assistir, de novo, um filme que já vi quinhentas vezes. Aquela questão das interrupções, não é? Vai sempre nos assombrar até aprendermos a não ser mais desreguladas por elas.

Não se enganem. Eu enrolei Ceci o quanto pude e, quando finalmente cheguei ao quarto, Simba já estava crescido e em crise existencial (sabe como é?), pudera. Ele está tentando resolver se vai, se fica, quem é, quem foi... e aí o Macaco diz: "O passado está no passado. Você pode ficar preso a ele ou aprender com ele." Dá uma cajadada e acerta a cabeça do Simba. Rafic dá outra cajadada da qual Simba, desta vez, consegue se desviar.

E eu sorri. Coisas batem e acertam a gente sempre no mesmo lugar. As interrupções nos deixam nervosas. A bagunça nos deixa sem ar. Gatilhos e pedras nos incomodam e nos desregulam hoje e continuarão nos acertando amanhã se não tomarmos uma decisão.

Aprender com o passado serve para não cometermos os mesmos erros, mas também para que a gente não *sinta* tanto as coisas e os assombros causados por ele. Você já sabe de onde vêm aqueles sentimentos, já sabe o que certas ações irão causar em você, seja inteligente! Conheça a si mesma e saiba se dominar, se controlar. Afinal de contas, uma marca de quem é cheio de Deus é exatamente o domínio próprio.

Para não precisar viver fugindo (ou fugido) — como o Simba —, poder encarar seu propósito e viver sua missão, você vai precisar sair da zona do medo e ir para a zona do perigo. Muitas vezes, a desculpa do medo ou do que já houve nos mantém como consideramos estar seguros, porém isolados, infrutíferos e intragáveis.

Fique atento aos sinais, aos excêntricos que aparecem com seus cajados nos pastoreando com lições que não queríamos, mas precisávamos. Meu bem, aprenda o quanto antes com o passado, para que o presente seja leve e bonito. Tem gente esperando sua obediência e seu despertar, pequeno Simba.

Uma questão de consciência

DÉBORA OTONI

Vai ficar parecendo que meus filhos veem filme o dia todo? Vai. Mas de filme em filme, a gente adianta a vida, se diverte na vida e aprende sobre ela. Lá vamos nós de Moana agora, porque sim, porque eu tenho duas *Moaninhas* aqui e porque já esteve em mim esse espírito de: "Vamos pegar as canoas e passar dos limites dos corais".

Tem muito ouro nesse filme, mas, naquele dia específico, algo agarrou meus ouvidos e ficou passeando na minha cabeça por um tempo. O Mauí, companheiro de viagem da Moana, está ensinando a menina a velejar e diz: "Não basta saber para onde vai. Tem que saber onde está e por onde passou." Uau!

Temos uma fixação com destino, não é? Como se alguma hora a gente fosse chegar em algum lugar — em algum relacionamento, ou em alguma coisa — que fosse proteger a gente de todas as outras situações ou nos satisfazer a ponto de não almejarmos ou desejarmos nada mais. A gente realmente espera um destino favorável e duradouro. Assim, cá na minha pequena sapiência das coisas desta vida, já percebi, reparei e entendi que a jornada tem mais a ver com a consciência estabelecida do que com a chegada permanente.

Onde você está agora? Isso importa muito. Essa é uma pergunta pertinente e doída às vezes, mas que precisa ser feita para que aterrissemos na realidade e vivamos com um pouco mais de graça e bondade, de modo que experimentemos o alívio, a misericórdia e o perdão disponível para nós. Muitas vezes, precisei me lembrar de onde estava para sobreviver à fase que enfrentava. Entender que algumas coisas não serão "para sempre" me ajuda a lidar e a conviver melhor com as que são.

Olhar para trás e ver o quanto você já venceu, desbravou e evoluiu é um exercício necessário também. Lembrar renova as esperanças, que renovam as forças, que nos dão ânimo, que nos enche de alegria. Enxergar os rompimentos, as partidas, os afastamentos e as perdas "de longe" nos ajuda a ver as coisas de outro ângulo, a enxergar a figura por inteiro.

Enquanto aprendemos a navegar nesses novos mares, é preciso saber onde está, saber de onde veio, para que o caminho para onde se vai seja marcado por mudanças substanciais e significativas na nossa maneira de ser e estar no mundo.

Mais um dia, mais um filme...

DÉBORA OTONI

"Mãe, a Sininho não gosta de ser o que ela é." Disney e Pixar andam batendo muito nessa tecla da pessoa descobrir seu dom, sua vocação, sua razão de ser, coisa e tal. Além do filme com a história da Sininho, posso me lembrar aqui de outras situações em que os filmes trazem a mesma temática para a tela e para a nossa mesa. Recentemente teve *Encanto* com os dons, simplesmente genial; e *Elementos* — eu ameeeeei!!!!

O da Sininho estava tão fácil de pescar que até Ceci, de 3 anos, entendeu. Sininho, como é conhecida por aqui, não achou graça nem glamour em ser fada artesã e tentou ser outra coisa. Estragou o rolê de todo mundo e o dela também. Acabou atrapalhando o ciclo e o fluxo das coisas no lado das fadas e no "continente". Preciso desenhar ou escrever mais? Mole, não é?

Fiquei pensando em tudo que eu sou, mas não queria ser, em como já tentei deixar de ser (meu Deus, que papo maluco!), mas também na força que já fiz e na energia que já gastei para ser igual a X ou Y. Sininho somente aceitou seu lugar quando viu o propósito de forma mais real e latente, quando tudo e todos estavam em perigo e finalmente ela se sentiu pertencente com seu propósito.

Não podemos negar que gostaríamos de aprender a ser diferentes e talvez ser outras coisas também. Verifique seus motivos e suas motivações. Dê um passo para trás para tentar enxergar a figura maior, sua parte no mundo e no funcionamento das coisas. Deixe suas habilidades e sua intuição ajudarem você a voltar ao centro. Reencontre sua essência. Ouça as pessoas mais experientes. Aquiete seu coração. Antes de falar e fazer, silêncio.

Que Deus renove a nossa alegria em sermos indivíduos cheios de coisinhas diferentes, incríveis e únicas que ele nos criou para sermos. Que nós melhoremos e amadureçamos nesse caminho de desembrulhar a vida e os dias. E que causemos menos desastres tentando ser e fazer aquilo que não é para tal. *Selah!*

Sobre as autoras

DÉBORA OTONI é a irmã da Raquel e, ao contrário dela, veio um furacão! É mãe de três crianças incríveis e que tomam a maior parte da agenda, paciência e cognição dela. Escritora nas horas livres e produtora criativa (as ideias não param o dia inteiro!), adora inspirar gente, simplificar a vida e a espiritualidade e dizer o óbvio de forma divertida e sensível. Sua formação em administração ela só usa na logística da vida mesmo. Ama Jesus, o Cristo, e conta com ele para tudo — da força ao sustento, passando pela criatividade a espontaneidade. Passou por uma revisão de vida após a pandemia e aprendeu a se amar e a se cuidar.

RAQUEL ARAÚJO, a irmã da Débora, é de 1989, um ano movimentado na história. Apesar disso, ela gosta de tranquilidade. Aprendeu a ler aos 4 anos e nunca mais parou. Hoje, é psicóloga, mestre em sociologia política, e ama ajudar pessoas — estejam elas na clínica, em bairros vulneráveis, na igreja, em ONGs, ou buscando refúgio pós-guerra ou desastres. É, talvez ela tenha que rever a parte em que diz gostar de tranquilidade. Sobre sua família, você descobre nas páginas deste livro.

Este livro foi impresso pela Reproset, em 2024, para a HarperCollins Brasil.
O papel do miolo é pólen bold 90g/m², e o da capa é cartão 250g/m².